ESSEN & GENIESSEN

PIZZA, QUICHE UND TARTE

ESSEN & GENIESSEN

PIZZA, QUICHE UND TARTE

NAUMANN & GÖBEL

INHALT

TIPS FÜR DIE GRUNDLAGEN

Auf den folgenden Seiten finden Sie alles Wissenswerte über die richtigen Backformen, die verschiedenen Teige, ihre Zubereitung und die vielfältigen Möglichkeiten, sie zu belegen.

Eine solide Grundlage: der Teig

Der Teigboden ist das, was Pizza, Quiche und Tarte gemeinsam ist. Er bildet immer die Grundlage für den Belag. Im Gegensatz zu diesem läßt der Teig jedoch nur wenige Variationen zu. Und das aus gutem Grund: Der Teigboden soll den Geschmack des Belags unterstreichen und ergänzen, auf keinen Fall darf er ihn dominieren.
Für die Praxis heißt das: den richtigen Teig auswählen und auf gute Zutaten sowie sorgfältige Zubereitung achten.
Bei der Pizza kann man zwischen einem klassischen Pizzateig, einem Vollkornpizzateig und einem Brotteig wählen.
Quiches und Tartes lassen sich mit Blätterteig, Mürbeteig (auch mal mit Vollkornmehl), Hefeteig oder Quark-Öl-Teig zubereiten.
Für welchen Teig man sich entscheidet, hängt einerseits vom persönlichen Geschmack, andererseits von den Zutaten und der Art des Belags ab. Ein üppiger, kräftiger Belag verlangt eher nach einem einfachen Hefeteig oder einem Quark-Öl-Teig. Ein zarter, feiner Belag harmoniert besser mit einem Blätterteig oder einem Mürbeteig.

Die Auswahl der Teigzutaten

Mehl, Salz, Fett, ein Backtriebmittel, Milchprodukte und Wasser sind die Hauptbestandteile der Teige in diesem Buch. Auf Eier im Teig wurde bewußt verzichtet, da sie für den Belag von Quiches und Tartes unbedingt notwendig sind. Sie können hier auch nicht reduziert werden, da der Belag sonst nicht fest wird. Der Teig büßt jedoch nichts an Qualität ein, wenn das Ei weggelassen wird, im Gegenteil, er wird sogar ein wenig fettärmer. Und das ist ein wichtiges Argument.

Das richtige Mehl

Für den klassischen Pizzateig kommt nur ein gutes Weizenmehl in Frage, und zwar eines der Type 405. Für den Brotteig bietet sich ein Weizenmehl der Type 812 an. Es ist etwas kräftiger im Geschmack.

Weizenmehl der Type 405 und Type 812.

Auch ein spezielles Pizzamehl ist erhältlich. Es handelt sich hier um ein Weizenmehl Type 405, das sich jedoch hinsichtlich der verwendeten Weizensorten vom herkömmlichen Weizenmehl unterscheidet. Die Weizensorten für das Pizzamehl haben einen höheren Anteil an Kleber (ein Getreideeiweiß). Ein Teig aus diesem Mehl ist elastischer, läßt sich dünner ausrollen, reißt nicht so schnell und schmeckt so wie beim Pizzabäcker. Auch das doppelgriffige Weizenmehl Type 405 eignet sich gut zur Pizzaherstellung. Es ist durch ein besonderes Mahl- und Siebverfahren feinkörnig und griffig. Sein Feinheitsgrad liegt zwischen Grieß und Mehl.

Gut geeignet für Pizzas: doppelgriffiges Weizenmehl.

Wer sich für einen Pizzateig aus Vollkornmehl entscheidet, sollte bedenken, daß er immer kräftiger schmeckt als jener aus "hellem" Mehl. Er braucht deshalb einen Belag, der nicht zu fein ist. Für einen Vollkornpizzateig sollte man die Weizenkörner am besten im Bioladen oder im Reformhaus ganz frisch und möglichst fein mahlen lassen. So hat man die Gewähr, daß der Teig leicht nussig und nicht ranzig schmeckt.

Vollkornmehl direkt aus der eigenen Getreidemühle.

Grundsätzlich können bei den Pizzarezepten dieses Buches Pizzateig, Vollkornpizzateig oder Brotteig gegeneinander ausgetauscht werden. Dies ist eine Frage des persönlichen Geschmacks. Bei den Calzoni empfiehlt sich das Austauschen des angegebenen Teiges nicht. Die Teigtaschen brauchen nämlich einen Teig, der sich besonders dünn ausrollen läßt, damit die Füllung genügend Platz hat. Und das ist eben der klassische Pizzateig (so wie auch in den Rezepten angegeben), am besten mit Pizzamehl zubereitet.
Als Teig für Quiches und Tartes spielen Mürbeteig, Quark-Öl-Teig und Blätterteig die Hauptrolle. Da die Herstellung des Blätterteigs recht aufwendig ist, wird in den Rezepten auf Tk-Produkte zurückgegriffen. Sie sind fast überall in sehr guter Qualität erhältlich und einfach zu verarbeiten.

Blätterteig aus dem Kühlregal ist leicht zu verarbeiten.

Mürbeteig und Quark-Öl-Teig können leicht selbstgemacht werden. Als Mehl kommt Weizenmehl Type 405 in Frage. Für diese Teige aber auf keinen Fall doppelgriffiges Mehl nehmen. Für Vollkornteig frisch gemahlene Weizen- oder Dinkelkörner wählen. Dinkel ist etwas feiner im Geschmack als Weizen und paßt deshalb auch mal zu feinem Belag.

Weizen- und Dinkelkorn liefern ein leckeres Vollkornmehl.

Öl und Butter

Für den Pizza- und auch für den Brotteig in diesem Buch wird immer ein italienisches Olivenöl verwendet. Es gibt den Teigen ihren typischen Geschmack.
Der Quark-Öl-Teig kann eigentlich mit allen zur Verfügung stehenden Ölen zubereitet werden, geschmacklich neutral ist ein raffiniertes Pflanzenöl. Wer gerne einen etwas nussigeren Geschmack möchte, nimmt ein kaltgepreßtes Sonnenblumenöl. Butter ist die Fettkomponente für den klassischen Mürbeteig.

Geeignete Fette: Olivenöl, Sonnenblumenöl und Butter.

Die Triebmittel

Das Triebmittel für den selbstgemachten Pizza- und Brotteig ist die Hefe. Ob frische oder getrocknete Hefe verwendet wird, ist eigentlich egal und richtet sich nach den persönlichen Vorlieben.
Frische Hefe bekommt man lose beim Bäcker oder abgepackt in kleinen Würfeln zu 42 g im Supermarkt. Sie muß im Kühlschrank gelagert werden und hält sich nur kurze Zeit. Deshalb frische Hefe immer erst dann kaufen, wenn sie gebraucht wird und auf das Mindesthaltbarkeitsdatum achten.

Frische oder getrocknete Hefe – Sie haben die Wahl.

Getrocknete Hefe gibt es in kleinen Beuteln zu 7 g. Das entspricht etwa 25 g frischer Hefe. Trockenhefe sollte man immer, auch wenn man frische Hefe vorzieht, im Vorratsschrank haben. Da Mehl und Öl in der Regel immer vorhanden sind, kann so ohne große Planung eine Pizza oder ein Pizzabrot auf den Tisch kommen.
Das Triebmittel für den Quark-Öl-Teig ist Backpulver. Mürbeteig und Blätterteig kommen ohne Triebmittel aus.

Allerlei Fertigteige

Alle erhältlichen Fertigteige an dieser Stelle aufzuführen, ist schier unmöglich, denn das Angebot ist mittlerweile unüberschaubar groß. Die meiste Auswahl hat der Verbraucher im Hinblick auf Pizza, Quiche und Tarte beim Pizzateig.
Die Fertigteige lassen sich prinzipiell in Trockenprodukte (Backmischungen), Tk-Produkte und fertige, gekühlte Teige einteilen. Die Backmischungen enthalten Mehl und Triebmittel, die Flüssigkeit muß im Haushalt dazugegeben werden. Je nach Art des zugesetzten Triebmittels muß der Teig nochmals gehen oder kann sofort belegt und gebacken werden.
Fix und fertig sind die Teige aus dem Kühlregal. Hier gibt es Pizzateig und Blätterteig. Beide müssen nur auseinandergerollt, auf das Blech gelegt und belegt werden. Für Ungeübte und – wenn es schnell gehen muß – eine überaus praktische Sache.

Schnell und praktisch: tiefgekühlter Pizzafertigteig.

Auch Tk-Hefe- bzw. Pizzateige sind in der Regel fast fertig zum Belegen. Allerdings müssen sie immer aufgetaut, je nach Teigart und Verwendungszweck noch geknetet oder ausgerollt werden oder noch gehen. Da die Angebote recht unterschiedlich sind, immer ganz genau die Anweisungen auf den Packungen befolgen. Der Tk-Blätterteig muß immer auftauen, kann dann aber sofort weiterverwendet werden.

Die Grundrezepte

Auf den folgenden Seiten stellen wir Ihnen die Grundrezepte für die Teige vor. Sie sind Basis aller Rezepte in diesem Buch. Wir haben die Herstellung der Teige sehr ausführlich beschrieben und viele praktische Tips zum Gelingen aufgeführt, so daß dabei nichts schiefgehen kann. Bei den Pizza-, Quiche- und Tarterezepten wird dann unter Angabe der Seitenzahl auf das entsprechende Grundrezept verwiesen.

Pizzateig mit frischer Hefe

Für 1 Backblech (etwa 40 x 30 cm) oder 2 runde Pizzas (etwa 28 cm ø):

400 g Weizenmehl Type 405 (am besten Pizzamehl)
1/2 Würfel frische Hefe (20 g)
gut 200 ml lauwarmes Wasser
ca. 1/2 Tl Jodsalz
3 El Olivenöl
etwas Weizenmehl zum Ausrollen
etwas Olivenöl für das Backblech oder die Pizzaformen

1. Das Mehl in eine große Schüssel geben, eine Vertiefung hineindrücken. Die Hefe zerbröseln, mit etwa der Hälfte des Wassers und etwas Mehl verrühren, und diese Mischung in die Vertiefung gießen. Das Ganze mit etwas Mehl bestäuben.

Voraussetzung für gutes Gelingen: der Vorteig.

2. Die Schüssel mit einem Tuch abdecken und den Vorteig etwa 30 Minuten an einem warmen Ort gehen lassen.

3. Restliches Wasser, Salz und Olivenöl hinzufügen und alle Zutaten mit einer Hand oder einem großen Kochlöffel gut vermengen. Dabei das Wasser nach und nach dazugeben, denn nicht immer nimmt das Mehl die gleiche Menge auf.
4. Den Teig mit beiden Händen so lange kneten, bis er ganz glatt und nicht mehr klebrig ist.
5. Den Teig zu einer Kugel formen und in die Schüssel legen. Die Schüssel mit einem Tuch abdecken und den Teig an einem warmen Ort zu doppeltem Volumen aufgehen lassen. Das kann bis zu 60 Minuten dauern.
6. Den Hefeteig auf einer leicht bemehlten Arbeitsfläche auf Backblechgröße ausrollen. Sollen runde Pizzas gebacken werden, wird der Teig zunächst in zwei gleiche Hälften geteilt und dann zu runden Fladen von etwa 28 cm ø ausgerollt.
7. Backblech oder Pizzaformen mit etwas Öl bepinseln und den Teigboden darauf legen. Das Ganze mit den Zutaten belegen und die Pizza backen.

Zubereitungszeit: ca. 20 Minuten
Zeit zum Gehen: ca. 90 Minuten
Insgesamt ca. 1625 kcal/6796 kJ, 42 g E, 34 g F, 284 g KH

Tips zum Gelingen

- Frische Hefe sollte immer zuerst in wenig Wasser aufgelöst werden und dann mit wenig Mehl verrührt (Vorteig) gehen.
- Die Hefezellen entwickeln ihre Aktivität am besten bei 37°C. Deshalb muß man darauf achten, daß die Teigzutaten Zimmertemperatur haben. Das Wasser sollte handwarm sein. Ist es kälter, entwickeln sich die Hefezellen zu langsam, ist es zu heiß, werden die Zellen abgetötet. Für den Pizzateig aus frischer Hefe braucht man nur 1/2 Würfel. Den Rest luftdicht in einer kleinen Schüssel, oder fest in Frischhalte- oder Alufolie gewickelt aufbewahren und vor Ablauf des Mindesthaltbarkeitsdatums verwenden. Wird die Hefe gar nicht oder schlecht verpackt in den Kühlschrank gelegt, bekommt sie Risse, wird hart, verfärbt sich und verliert dabei ihre Triebkraft. Salz schränkt die optimale Tätigkeit der Hefezellen ein. Deshalb Salz niemals zum Vorteig geben.
- Wenn der Vorteig ausreichend gegangen ist, reißt die Mehloberfläche auf. Dies ist das Zeichen, daß man mit der Zubereitung fortfahren kann.
- Wieviel Flüssigkeit der Hefeteig benötigt, hängt von der Beschaffenheit des Mehles ab. Deshalb nie die gesamte Wassermenge auf einmal, sondern nach und nach dazugeben.
- Den gut gekneteten Hefeteig erkennt man daran, daß er glatt und trocken ist, beim Kneten Blasen wirft und nicht mehr an den Händen oder am Schüsselrand kleben bleibt. Den Hefeteig beim Gehen vor Zugluft schützen. Deshalb die Schüssel mit einem Küchentuch abdecken. Man kann den Hefeteig auch im leicht warmen Backofen gehen lassen. Allerdings sollte man den Backofen genau kennen, er darf keinesfalls zu warm sein (optimal ist eine Temperatur zwischen 30 und 40°C). Die Backofentür einen Spaltbreit offen lassen (Holzlöffel in die Tür stecken).
- Die Pizza immer auf ein gefettetes oder mit Backpapier ausgelegtes Blech legen. Wird Backpapier verwendet, kann der Teig ohne zusätzliches Mehl direkt auf dem Papier ausgerollt werden.

Pizzateig direkt auf Backpapier ausrollen.

- Die Pizza erst kurz vor dem Backen belegen, sonst weicht der Teig durch.
- Der Pizzateig reicht für 1 Backblech oder 2 runde Pizzaformen bzw. 2 runde Pizzas. Wer einen Heißluftherd hat, kann 2 runde Pizzas gleichzeitig backen, wer mit Ober- und Unterhitze backt, muß die Pizzas nacheinander backen.
- Den Pizzateig vor allem in den Calzonerezepten (Seite 89 bis 95) immer etwa auf die angegebene Größe ausrollen. Nur dann hat die Füllung genügend Platz. Ist die Teigplatte zu klein und die Teigtasche kann nur mit Mühe geschlossen werden, platzt sie beim Backen sicherlich auf, denn die Füllung dehnt sich aus.
- Die Teigzutaten können nach dem Gehen des Vorteigs auch mit den Knethaken eines Handrührgerätes gemischt werden. Das Kneten mit den Händen sollte aber auf keinen Fall entfallen.
- Auch in der Küchenmaschine kann der Hefeteig zubereitet werden. Allerdings empfiehlt es sich dann, den Pizzateig mit Trockenhefe zu wählen, da dabei der Vorteig entfällt. Wer mit frischer Hefe arbeitet, muß auch bei der Teigherstellung in der Küchenmaschine zuerst den Vorteig gehen lassen.

Pizzateig mit Trockenhefe

Für 1 Backblech (etwa 40 x 30 cm) oder 2 runde Pizzas (etwa 28 cm ø):

400 g Weizenmehl Type 405 (am besten Pizzamehl)
1 Paket Trockenhefe (7 g)
gut 200 ml lauwarmes Wasser
ca. 1/2 Tl Jodsalz
3 El Olivenöl
etwas Weizenmehl zum Ausrollen
etwas Olivenöl für das Backblech oder die Pizzaformen

1. Das Mehl in eine große Schüssel geben, eine Vertiefung hineindrücken. Hefe, Wasser, Salz und Olivenöl hinzufügen und alle Zutaten mit einer Hand gut vermengen. Dabei das Wasser nach und nach dazuschütten, denn nicht immer nimmt das Mehl die gleiche Menge auf.

2. Den Teig mit beiden Händen so lange kneten, bis er ganz glatt und nicht mehr klebrig ist.

3. Den Teig zu einer Kugel formen und in die Schüssel legen. Die Schüssel mit einem Tuch abdecken und den Teig an einem warmen Ort zu doppeltem Volumen aufgehen lassen. Das dauert etwa 60 Minuten.

Den Hefeteig an einem warmen Ort aufgehen lassen.

4. Den Hefeteig auf einer leicht bemehlten Arbeitsfläche auf Backblechgröße ausrollen. Sollen runde Pizzas gebacken werden, wird der Teig zunächst in zwei gleiche Hälften geteilt und dann zu runden Fladen von etwa 28 cm ø ausgerollt.

5. Backblech oder Pizzaformen mit etwas Öl bepinseln und den Teigboden darauf legen. Das Ganze mit den Zutaten belegen und die Pizza backen.

Zubereitungszeit: ca. 15 Minuten
Zeit zum Gehen: ca. 60 Minuten
Insgesamt ca. 1634 kcal/6834 kJ, 42 g E, 34 g F, 286 g KH

Tips zum Gelingen

- Bei Trockenhefe auf das Haltbarkeitsdatum achten und sie immer trocken lagern. Die Zubereitung des Hefeteigs mit Trockenhefe ist recht unkompliziert. Auch hier jedoch darauf achten, daß alle Zutaten Zimmertemperatur haben und das Wasser lauwarm ist.
- Pizzateig aus Trockenhefe braucht – da der Vorteig entfällt – eine etwas längere Gehzeit als die für das zweite Gehen beim Pizzateig aus frischer Hefe.
- Wer mit dem Knethacken des Handrührgerätes arbeitet, sollte den Teig anschließend mit den Händen nochmal gut durchkneten.
- Pizzateig mit Trockenhefe kann sehr gut in der Küchenmaschine gemacht werden. Aber auch hier auf ausreichendes, langsames und gutes Kneten achten.
- Weitere Tips finden Sie im Anschluß an das Rezept „Pizzateig mit frischer Hefe."

Brotteig

Für 1 Backblech (etwa 40 x 30 cm) oder 2 runde Formen (etwa 28 cm ø):

400 g Weizenmehl für helles Bauernbrot Type 812
1/2 Würfel frische Hefe (20 g)
gut 200 ml lauwarmes Wasser
3 El Olivenöl
ca. 1/2 Tl Jodsalz
etwas Weizenmehl zum Ausrollen
etwas Olivenöl für das Backblech oder die Pizzaformen

Hefe, Wasser, Mehl und Öl zu einem Brotteig verarbeiten.

Den Brotteig genauso wie den Pizzateig mit frischer Hefe zubereiten.

Zubereitungszeit: ca. 20 Minuten
Zeit zum Gehen: ca. 90 Minuten
Insgesamt ca. 1597 kcal/6692 kJ, 50 g E, 35 g F, 284 g KH

Tips zum Gelingen

Siehe unter „Pizzateig mit frischer Hefe".

Vollkorn-pizzateig

Für 1 Backblech (etwa 40 x 30 cm) oder 2 runde Pizzas (etwa 28 cm ø):

400 g feines Weizenvollkornmehl, frisch gemahlen
1/2 Würfel frische Hefe (20 g)
ca. 230 ml lauwarmes Wasser
ca. 1/2 Tl Jodsalz
3 El Olivenöl
etwas Weizenvollkornmehl zum Ausrollen
etwas Olivenöl für das Backblech oder die Pizzaformen

Den Vollkornpizzateig genauso wie den Pizzateig mit frischer Hefe zubereiten.

Zu einer Kugel geformten Teig in eine Schüssel legen.

Zubereitungszeit: ca. 20 Minuten
Zeit zum Gehen: ca. 90 Minuten
Insgesamt ca. 15513 kcal/6332 kJ, 48 g E, 40 g F, 238 g KH

Tips zum Gelingen

- Zunächst nur etwa 200 ml Wasser dazugeben und das restliche Wasser vorsichtig nach und nach darunterkneten. Wieviel Wasser der Teig aufnehmen kann, hängt vom Mehl ab.
- Der Vollkornpizzateig sollte vor dem Gehen ruhig noch etwas klebrig, aber auf keinen Fall naß sein. Das Vollkornmehl quillt während des Gehens noch aus und nimmt dabei Wasser auf. Ist der Teig bereits vor dem Gehen ganz trocken, wird der Teigboden beim Backen zu hart.

Mürbeteig für Quiche und Tarte

Für 1 Form (ca. 26 cm ø):

200 g Weizenmehl Type 405
100 g kalte Butter
3 Msp. Jodsalz
4 El kaltes Wasser
etwas Weizenmehl zum Ausrollen
etwa 500 g Hülsenfrüchte und Butterbrotpapier zum Blindbacken

1. Das Mehl auf eine saubere, trockene Arbeitsplatte sieben. Die Butter in kleine Stückchen schneiden und auf das Mehl setzen. Etwas Salz darübergeben.
2. Die Butter mit einer Palette oder mit dem Rücken eines großen Messers unter das Mehl hacken. Es sollen dabei viele kleine Teigstreusel entstehen.

Werden Mehl und Butter gehackt, entstehen Teigstreusel.

3. Die Teigstreusel aufhäufen und eine Vertiefung hineindrücken. Das Wasser dazugeben und den Teig rasch mit den Händen zusammenkneten.
4. Den Teig zu einer Kugel formen, flachdrücken, auf einen Teller legen und mit einem zweiten Teller abdecken. Den Mürbeteig etwa für 60 Minuten in den Kühlschrank stellen.
5. Den Backofen auf 200°C vorheizen. Eine saubere, trockene Arbeitsfläche dünn mit Mehl bestäuben und den Teig zu einer runden Platte von etwa 32 cm ø ausrollen.
6. Die Form mit dem Teig auskleiden und den Boden mit einer Gabel mehrmals einstechen.
7. Das Ganze mit Butterbrotpapier belegen und die Hülsenfrüchte gleichmäßig darauf verteilen. Den Mürbeteigboden auf der zweiten Schiene von unten in den Ofen schieben und je nach Rezept 10 bis 25 Minuten blindbacken.
8. Den Boden aus dem Ofen nehmen. Hülsenfrüchte und Papier entfernen. Die angegebenen Zutaten für den Belag darauf geben und das Ganze backen.

Zubereitungszeit: ca. 35 Minuten
Zeit zum Kühlen: ca. 60 Minuten
Zeit zum Blindbacken: 10 bis 25 Minuten
Insgesamt ca. 1415 kcal/5919 kJ, 20 g E, 85 g F, 142 g KH

Tips zum Gelingen

- Wichtig ist, daß Butter und Mehl gut mit der Palette oder dem Messerrücken vermischt werden. Erst dann das Wasser dazugeben. Die Wassermenge hängt von der Aufnahmefähigkeit des Mehls ab. Daher am Anfang weniger Wasser zugeben.
- Den Teig nicht zu lange kneten, da er sonst bröselig wird und sich nicht mehr ausrollen läßt.
- Fühlt sich der Mürbeteig bei der Zubereitung zu weich an, auf keinen Fall Mehl darunterkneten. Beim anschließenden Kühlen bekommt er genügend Festigkeit.

• Auf keinen Fall ein doppelgriffiges Mehl verwenden. Der Teig bekommt sonst keine Bindung.
• Der Teig kann zum Kühlen auch in eine verschließbare Kunststoffschüssel gelegt oder in Klarsichtfolie gewickelt werden. Wichtig ist, daß er während des Kühlens nicht austrocknet.
• Beim Ausrollen des Mürbeteigs stets nur wenig Mehl verwenden.
• Einen zu klebrigen Teig nochmals kühl stellen.
• Den ausgerollten Teigboden über die Teigrolle schlagen und so in die Form legen.
• Den Teigboden vor dem Backen mit der Gabel mehrmals einstechen, damit die Luft entweichen kann und sich keine Blasen bilden.
• Mürbeteig für Quiche und Tarte am besten immer blind – das heißt ohne Belag – vorbacken. So kann der Belag, auch wenn er mal etwas flüssiger sein sollte, den Teig nicht aufweichen. Er bleibt schön mürbe.
• Beim Blindbacken den Teig immer mit Hülsenfrüchten beschweren,da sonst der Teigrand abrutscht.

Hülsenfrüchte beim Blindbacken obenauf geben.

• Anstelle der Hülsenfrüchte (Erbsen, Bohnen, Linsen) kann zum Blindbacken auch roher Reis verwendet werden.
• Formen und Bleche müssen bei Mürbeteig nicht eingefettet werden. Der Teig enthält selber ausreichend Fett, so daß er nicht anhaftet.
• Quiches und Tartes mit Mürbeteigboden immer in der Form leicht abkühlen lassen und dann vorsichtig aus der Form nehmen, da der Boden leicht bricht.
• Die Teigzutaten können auch in einer Rührschüssel mit den Knethaken eines Handrührgerätes oder in einer Küchenmaschine mit Messereinsatz vermengt werden. Das Ganze so lange auf höchster Stufe rühren, bis möglichst kleine Teigstreusel entstanden sind. Anschließend die Streusel mit den Händen rasch zu einem Teig verkneten.
• Will man den Mürbeteig ganz in der Küchenmaschine zubereiten, muß man weiche Butter nehmen.
• Der rohe Mürbeteig hält sich im Kühlschrank gut 1 Woche, da er kein Ei enthält. Er sollte dabei möglichst luftdicht in Folie verpackt sein. Im Tiefkühlfach ist er, ebenfalls luftdicht verpackt, bis zu 1/4 Jahr haltbar.
• Teigreste, die vor allem dann anfallen können, wenn man kleine Tartelettes oder andere Formen backt, müssen nicht weggeworfen werden. Die Reste nochmals kühlen, ausrollen und daraus kleine Plätzchen in unterschiedlichen Formen ausstechen. Die Plätzchen mit etwas Eigelb bepinseln, dann mit geriebenem Käse, Kümmel- oder Anissamen oder etwas Pfeffer bestreuen. Im Anschluß werden sie bei 190°C etwa 8 Minuten gebacken und z.B. zum Aperitif gereicht.

Vollkornmürbeteig

Für 1 Form (ca. 26 cm ø):

200 g feines Dinkelvollkornmehl, frisch gemahlen
100 g kalte Butter
3 Msp. Jodsalz
4-5 El Buttermilch
etwas Vollkorndinkelmehl zum Ausrollen
etwa 500 g Hülsenfrüchte und Butterbrotpapier zum Blindbacken

Die Zutaten für den Vollkornmürbeteig.

Den Vollkornmürbeteig genauso wie den Mürbeteig für Quiche und Tarte zubereiten. Anstelle des Wassers Buttermilch nehmen.

Zubereitungszeit: ca. 35 Minuten
Zeit zum Kühlen: ca. 60 Minuten
Zeit zum Blindbacken: 10 bis 25 Minuten
Insgesamt ca. 1386 kcal/5800 kJ, 26 g E, 88 g F, 123 g KH

Tips zum Gelingen

Darauf achten, daß das Vollkornmehl wirklich ganz fein gemahlen ist. Nur dann läßt es sich gut zu einem Mürbeteig verarbeiten.
Weitere Tips siehe unter „Mürbeteig für Quiche und Tarte".

Blätterteig

Einen Blätterteig selbst zuzubereiten, erfordert Zeit, Geduld und einiges Können. Deshalb greifen wir in diesem Buch auf das Tk-Produkt zurück. Es ist von guter Qualität, leicht zu verarbeiten und praktisch überall erhältlich.

Tips zum Gelingen

• Blätterteig wird in unterschiedlichen Packungsgrößen angeboten. Kleine Einheiten zu 300 g oder 450 g gibt es im Supermarkt, größere mit 1 kg meist über die Tk-Heimdienste. Mit den unterschiedlichen Packungsgrößen kann auch die Größe und damit das Gewicht der Blätterteigplatten schwanken. Für eine runde Form von 26 cm ø benötigt man etwa 350 g Tk-Blätterteig. Diese Menge muß nicht ganz exakt eingehalten werden, sondern kann auch etwas überschritten werden. Mehr als 400 g sollten es jedoch nicht sein.

• Die Blätterteigplatten müssen immer vor der Verwendung auftauen. Das dauert maximal 20 Minuten.

Die Teigplatten leicht überlappen lassen.

• Man kann z.B. für ein Backblech die Platten leicht überlappend nebeneinander legen. Wenn man eine runde größere Platte möchte, verfährt man so: Die Platten vor dem Auftauen mit einem trockenen Backpinsel gut abbürsten. Nach dem Auftauen die Platten übereinander legen und auf die gewünschte Größe ausrollen.

• Blätterteig niemals kneten, er verliert dabei seine blättrige Struktur.

• Die Teigränder des Blätterteigs nicht mit Eigelb bepinseln, die einzelnen Schichten können sich sonst nicht entblättern.

• Das Ausfetten des Backblechs ist bei Blätterteig nicht unbedingt notwendig, man kann es einfach mit kaltem Wasser abspülen. Beim Backen verdampft dieses Wasser und treibt den Blätterteig nach oben. Dies ist vor allem bei Blätterteigstückchen wünschenswert. Der Boden von Quiche und Tarte tut sich damit, bedingt durch den Belag, schwerer. Aus diesem Grund empfehlen wir, die Formen ganz leicht auszufetten, denn dann löst sich das Gebäck leichter aus der Form. Auch mit Backpapier kann die Form ausgelegt werden.

• Beim Ausrollen der viereckigen Platten zu einer runden Form fallen immer Reste an. Will man diese nicht wegwerfen, kann man daraus kleine Plätzchen ausstechen, sie mit etwas Eigelb bestreichen und mit Gewürzen bestreuen. Die Plätzchen 5 bis 6 Minuten bei 220°C backen. Fertig ist ein selbstgemachtes Aperitifgebäck.

Quark-Öl-Teig

Für 1 Form (ca. 26 cm ø):

80 g Magerquark
3 El Wasser (36 g)
3 EL Sonnenblumenöl (30 g)
1 Prise Jodsalz
160 g Weizenmehl Type 405
2 gestr. TL Backpulver
etwas Weizenmehl zum Ausrollen
etwas Sonnenblumenöl für die Form

1. Quark, Wasser, Öl und Salz in eine Rührschüssel geben und das Ganze mit den Quirlen eines Handrührgerätes cremig rühren.

Durch Kneten entstehen kleine Teigkügelchen.

2. Mehl und Backpulver mischen, hinzufügen und mit den Knethaken unter die Quarkmasse arbeiten. Es sollen viele kleine Teigkügelchen entstehen.

3. Den Teig mit den Händen kurz durchkneten, zu einer Kugel formen, mit einem Tuch abdecken und dann etwa 20 Minuten bei Zimmertemperatur ruhen lassen.

4. Eine saubere, trockene Arbeitsfläche mit etwas Mehl bestäuben und den Teig zu einer runden Platte von etwa 32 cm ø ausrollen.

5. Die Form mit etwas Öl ausfetten und mit dem Teig auskleiden. Die Zutaten für den Belag darauf geben und das Ganze backen.

Zubereitungszeit: ca. 15 Minuten
Zeit zum Ruhen: ca. 20 Minuten
Insgesamt ca. 873 kcal/3653 kJ, 27 g E, 32 g F, 119 g KH

Tips zum Gelingen

• Beim ersten Nachbacken sollten die Wasser- und die Ölmenge abgewogen werden, denn nicht jeder Eßlöffel hat die gleiche Füllmenge. Bekommt das Mehl zuwenig Flüssigkeit, bindet der Teig nicht.

• Wird Backpapier verwendet, um das Einfetten der Form zu sparen, kann der Teig ohne zusätzliches Mehl direkt auf dem Papier ausgerollt werden.

• Der Teig kann auch ohne Handrührgerät zubereitet werden. Dazu Quark, Öl, Wasser und Salz mit einem Schneebesen gut verrühren. Das Mehl und das Backpulver mischen, aufhäufen und eine Vertiefung hineindrücken. Die Quarkmasse in die Vertiefung geben und alles gut mit den Händen verkneten.

Tips zum Backen

Jeder Backofen heizt anders. Und deshalb stellen die in den Rezepten angegebenen Backtemperaturen und Backzeiten lediglich einen Richtwert da. Wer viel im eigenen Ofen backt, kennt ihn meist sehr genau, weiß, ob er die Hitze gleichmäßig verteilt, wie lange er zum Vorheizen braucht und ob die eingestellte Temperatur gut gehalten wird. So können die angegebenen Werte durch persönliche Erfahrungen auf die Situation im eigenen Herd zugeschnitten werden.

Lohnenswert, vor allem bei älteren Herden, ist auch die Anschaffung eines speziellen Thermometers, das man in den Ofen stellen kann. Mit ihm läßt sich überprüfen, ob die eingestellte Temperatur auch tatsächlich erreicht wird.
Zudem sollte man immer die Angaben des Herstellers berücksichtigen und die angegebenen Temperaturen und Backzeiten gegebenenfalls korrigieren.

Garprobe mit einem Holzstäbchen.

Kurz bevor die Backzeit abgelaufen ist, mit den Augen und einem Holzstäbchen prüfen, ob das Gebäck fertig ist. Ist der Teig leicht gebräunt und der Belag fest (mit einem Holzstäbchen hineinstechen), sind Quiche, Tarte und Pizza gar.

Bei Ober- und Unterhitze immer nur eine Form backen.

Die Temperaturangaben in diesem Buch gelten in der Regel für das Backen mit Ober- und Unterhitze. Da Pizza, Quiche und Tarte in den heißen Backofen geschoben werden, muß man den Backofen vorheizen. Das dauert, je nach Backofen, 10 bis 20 Minuten. Bei vielen modernen Herden kann man aber auch mit Heißluft backen. Dies ist von Vorteil, wenn mehrere Gebäckstücke zubereitet werden oder der Belag etwas feuchter ist. Wir ziehen die Ober- und Unterhitze vor, da der Belag nicht so leicht austrocknet. Wer aber lieber mit Heißluft backen möchte, kann dies gerne tun, muß aber dann von der angegebenen Backtemperatur etwa 20 % abziehen. Auch das Vorheizen des Backofens entfällt beim Backen mit Heißluft.
Bei zwei oder mehr Pizzas oder bei der Zubereitung von Calzone paßt die angegebene Menge nicht auf ein Blech. Wer mit Ober- und Unterhitze backt, muß die Bleche nacheinander in den Ofen schieben, bei Heißluft kann gleichzeitig gebacken werden.

Pikante Kuchen, Quiches, Tartes und Pizzas werden auf der zweiten Schiene von unten gebacken, dann wird der Teig auch von unten schön kroß. Die Formen immer auf ein Gitter stellen, niemals auf ein Blech.

Aufgetautes schnell in der Mikrowelle aufwärmen.

Einmal gebackene Quiches, Tartes und Pizzas oder Reste davon können problemlos eingefroren werden. Man stellt sie dann zum Erwärmen nach dem Auftauen in die Mikrowelle. Beim Aufwärmen im Backofen mit konventioneller Hitze trocknen die Stücke meist zu sehr aus und sind keine rechte kulinarische Freude mehr. Bei den Aufwärmzeiten die Herstellerangaben beachten, da sie von der Leistung des Gerätes und natürlich auch von der Größe des Gebäckstückes abhängen.

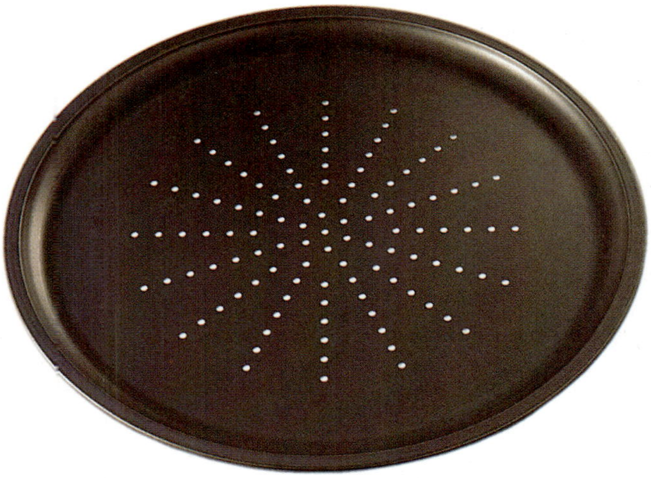

Gut in Form

Quiche, Tartes und auch viele Pizzas werden durch die richtige Form erst perfekt „in Form" gebracht. Es lohnt sich deshalb, sich das reichhaltige Angebot ein wenig anzusehen.

Pizzaformen

Der runde Pizzafladen wird in seinem Heimatland häufig einfach mit der Hand ausgezogen und kommt ohne Form in den heißen Holzbackofen. Diesen Ofen können Sie Ihrer Pizza meist nicht bieten, aber mit den Händen ausziehen bzw. mit dem Teigroller ausrollen, das kann man auch. Dazu legt man die Fladen auf Backbleche. Mehrere kann man entweder nacheinander (Ober- und Unterhitze) oder gleichzeitig (Heißluft) backen. Üblich und auch praktisch ist es, die Pizza so groß wie das Backblech selbst zu machen. Sie verliert dabei aber die typisch runde Form, dafür nutzt man die ganze Backblechfläche aus. Die Menge des Pizza- oder Brotteiges reicht für ein Backblech, das etwa 40 x 30 cm groß ist. Nimmt man kleinere Bleche wird der Teig dicker, nimmt man ein größeres dünner. In beiden Fällen kann sich die Backzeit etwas verändern, deshalb bitte die Pizza im Auge behalten.

Ein gutes Ergebnis bringen auch die speziellen Pizzaformen. Sie gibt es mit und ohne Beschichtung. Manchmal sehen sie wie ein normales rundes Kuchenblech aus, meist sind sie jedoch mit Löchern im Boden versehen. Diese sorgen dafür, daß die Hitze gut an den Teigboden kommt. Wer viel Pizza backt, sollte sich die Anschaffung überlegen, der Boden wird darauf besonders gut. Meist sind die Pizzaformen größer im Durchmesser als die runden Kuchenbleche, die sich auch für die Pizza eignen. Die Teigmenge in den Rezepten reicht aber auch für die größeren Pizzaformen aus. Der Teig wird dabei lediglich ein wenig dünner ausgerollt und die Backzeit kann sich um einige Minuten verkürzen.

Formen für Quiches und Tartes

Im Gegensatz zur Pizza brauchen Quiches und Tartes unbedingt eine Form, denn der Belag ist meist flüssiger und voluminöser, würde also ohne Form einfach wegfließen. Formen werden für diese Art von Gebäck in großer Vielfalt angeboten. Wer sich nicht sofort zum Kauf einer speziellen Quiche- oder Tarteform entschließen möchte, kann zunächst einmal die Springform nehmen. Aufpassen muß man hier allerdings, daß der Teig die Form wirklich lückenlos, das heißt ohne Risse, auskleidet. Sonst kann der Guß durch den Teig fließen,was dazu führt, daß dieser nicht durchgebacken wird und die Flüssigkeit am Rand festbackt oder in den Backofen tropft. Es empfiehlt sich deshalb, bei Verwendung einer Springform diese besonders sorgfältig mit Teig auszukleiden und zusätzlich ein Backpapier darunter zu legen. Praktisch ist auch eine runde Kuchenform für Obstkuchen, die vielleicht schon im Haushalt vorhanden ist. Durch den glatten Rand lassen sich Quiches und Tartes leicht herausnehmen.

Quiche- und Tarteformen geben dem gleichnamigen pikanten Gebäck das typische Aussehen. Die Formen sind am gewellten, senkrechten Rand und dem flachen, ebenen Boden zu erkennen.

Eine Quicheform aus weißer Keramik.

Nicht zu verwechseln mit den Obstbodenformen, hier ist der gewellte Rand leicht schräg und der Boden erhaben.

Beim Material kann man sich zwischen Schwarz- und Weißblech, beschichteten Metallblechen, Keramik, Porzellan und Glas entscheiden. Keramik, Porzellan und Glas sind schlechte Wärmeleiter, die angegebene Backzeit kann sich darin etwas verlängern. Schwarzblechformen und auch die beschichteten Formen haben beste Backeigenschaften, da sie die Hitze gut weitergeben.

Eine Quicheform aus Schwarzblech.

Weißblechformen sind ebenfalls keine optimalen Wärmeleiter: Während das Gebäck an der Oberfläche schnell bräunt, reflektieren die glänzenden Außenseiten die Hitze, anstatt sie weiterzuleiten. Deshalb kann sich auch hier die Backzeit etwas verlängern. Weißblech ist das typische Material für die Tarteformen mit losem Boden. Bei ihnen wird der Boden einfach lose in den gewellten Ring gelegt. Das erleichtert das Herausnehmen des fertig gebackenen pikanten Kuchens. Diese speziellen Formen gibt es in den unterschiedlichsten Größen, von ganz klein mit z.B. 8 cm ø (Tartelettesförmchen) bis hin zu Größen von z.B. 28 cm ø.

Große Tarteform aus Schwarzblech.

Ausfetten oder auslegen

Bis auf den Mürbeteig müssen bei allen anderen Teigen die Formen (auch beschichtete) ausgefettet oder ausgelegt werden.
Beim Ausfetten entsteht im Gegensatz zum Auslegen kein Abfall. Man nimmt hierzu am besten das Fett, das bereits im Teig ist, also Öl oder Butter, die aber flüssig sein muß. Formen mit gewelltem Rand am besten immer einfetten statt auslegen. Eingefettet wird mit einem Backpinsel oder etwas Pergamentpapier. Auch das Papier, in dem die Butter eingewickelt war, eignet sich dazu.
Formen mit Backpapier auszulegen, ist praktisch und zeitsparend, denn man kann den Teig darauf gleichzeitig ausrollen und braucht die Arbeitsfläche nicht mit Mehl zu bestäuben. Außerdem bleibt die Form sauber. Auslegen lassen sich glatte Formen,

Die Backform vollständig mit Backpapier auslegen.

wie das Back- oder das runde Kuchenblech, am einfachsten. Die gewellten Ränder der Quicheformen sind dagegen schwierig mit Backpapier auszulegen.

Teig in die Form legen

Die Teige werden auf einer leicht bemehlten Fläche ausgerollt. Wie groß, das ist jeweils in den Rezepten angegeben. Die Größe der ausgerollten Teigplatte entspricht der Größe der Form unter Berücksichtigung der Höhe der Ränder. Praktisch ist es beim Ausrollen, die Form kurz über die Teigplatte zu halten, so sieht man auf einen Blick, ob die Größe der ausgerollten Platte reicht.

Den Teig mit Hilfe des Wellholzes in Form legen.

Eine große Teigplatte wird über das Wellholz gelegt und mit seiner Hilfe in die Form gelegt. Ist die Form gut ausgekleidet, rollt man mit dem Wellholz noch einmal über den Rand, so wird dieser sauber abgeschnitten. Bei kleineren Förmchen schneidet man die ausgerollte Teigplatte zuerst in passend große Stücke und legt diese dann in die Förmchen.

Andere Formgröße als angegeben

Nicht immer hat man eine gleichgroße Form in genau der Größe im Haus, die auch in den Rezepten angegeben ist. Bei den Pizzas ist das überhaupt kein Problem, der Teig wird hier lediglich ein wenig dicker oder dünner und ebenso der Belag. Das verändert die Garzeit um einige Minuten und muß beachtet werden.
Nicht ganz so unkompliziert ist dies bei Quiche und Tarte. Ist die verwendete Form nur um 1 bis 2 cm kleiner oder größer als die in den Rezepten angegebene, so kann diese ohne Probleme genommen werden. Aufpassen muß man etwas bei einer kleineren Form, es kann sein, daß die Füllmenge für den Belag nicht ganz hineinpaßt. Auf keinen Fall die Form bis zum Rand füllen, sondern etwa 1 cm Platz lassen.
Nimmt man wesentlich kleinere oder größere Formen, muß sowohl die Teig- als auch die Menge für den Belag verändert werden.

Vielfalt für den Gaumen: der Belag

**Ist die Tomate in allen Variationen für die Pizza unverzichtbar, ist es bei Quiche und Tarte ein saftiger Guß, meist aus Eiern oder Milchprodukten.
Bei der immer wieder neuen Kombination der übrigen Zutaten sind der Phantasie keine Grenzen gesetzt. Wichig – wie eigentlich stets beim Kochen – bei der Auswahl der Zutaten: Das fertige Gericht kann nur so gut sein wie seine Ausgangsprodukte, daher sollte man beim Einkauf auf Qualität achten.**

Die Tomate spielt die erste Geige

Für die meisten Menschen gehören Pizza und Tomate unbedingt zusammen. Sicher geht es auch ohne Tomaten, aber in den folgenden Pizzarezepten spielt die Tomate immer eine ganz große Rolle. Sie verhindert, daß der Teig trocken wird und unterstreicht den Geschmack der übrigen Zutaten. Vor allem den der Kräuter und Gewürze.

Pizzatomaten

Kleine gesalzene Tomatenstückchen in Tomatensaft, die meist in kleinen Dosen (400 g Inhalt, 240 g Einwaage) angeboten werden.
Sie eignen sich hervorragend als Grundlage für nahezu jeden Pizzabelag. In der Regel können sie mit dem gesamten Saft verwendet werden. Nur wenn die übrigen Belagzutaten selbst sehr feucht sind (z.B. Gemüse aus der Dose), sollte man die Tomatenstückchen etwas abtropfen lassen.

Eine ausgezeichnete Grundlage für Pizzas sind Pizzatomaten.

Neben den gesalzenen Pizzatomaten gibt es auch solche, die bereits fertig gewürzt sind (z. B. die Geschmacksrichtungen Oregano oder pikante Würzmischung). Bei den Rezepten in diesem Buch wird stets die ungewürzte Variante verwendet und selbst gewürzt.

Geschälte Tomaten

Ganze geschälte Eier- oder Flaschentomaten in Tomatensaft, die in kleinen (400 g Inhalt, 240 g Einwaage) oder großen Dosen (800 g Inhalt, 400 g Einwaage) angeboten werden.
Auch sie eignen sich gut als Grundlage für nahezu jeden Pizzabelag. Sie können mit einem Teil oder dem gesamten Saft püriert und anschließend auf den Pizzaboden gestrichen werden. Man kann sie aber auch in Stücke schneiden oder mit den Händen einfach etwas zerpflücken und dann ohne oder zusammen mit mehr oder weniger Saft auf den Pizzaboden geben. Wieviel Saft verwendet wird, hängt von der Feuchtigkeit des übrigen Belags ab. Schließlich können die Tomaten auch ganz ohne den Saft genommen werden. In allen Fällen sollte die Tomatenmasse pikant gewürzt werden.

Geschälte Tomaten eignen sich bestens als Pizzabelag.

Passierte Tomaten

Ein gesalzener Tomatenbrei, der meistens im Tetrapack (500 g Inhalt) angeboten wird. Man kann ihn pikant abschmecken und als Grundlage einfach auf den Pizzaboden gießen und verstreichen. Er bietet sich aber auch in Kombination mit frischen Tomatenscheiben oder-stückchen an, die selbst nicht genügend Feuchtigkeit enthalten.

Eine einfache Grundlage für Pizzas: passierte Tomaten.

Tomatenmark

Tomatenmark verbrennt beim Backen leicht. Es ist deshalb weniger gut als Grundlage für den Belag geeignet. Wenn man sich doch dafür entscheidet, sollte man es auf dem Pizzaboden verstreichen und möglichst ganz mit den übrigen Zutaten belegen. Zuunterst auf dem Teig verstrichen, verstärkt Tomatenmark den Tomatengeschmack von Pizzatomaten, passierten und geschälten Tomaten. Man muß es sorgfältig mit den Tomatenprodukten bedecken.

Tomatenmark verbrennt beim Backen leicht.

Tomatenfertigsaucen

Ob ein Pizzabäcker auf Tomatenfertigsaucen (z. B. auf solche für Nudelgerichte) zurückgreift, ist eine reine Geschmacksfrage. Sie eignen sich auf jeden Fall und ersparen meist das Würzen.

Fertige Tomatensauce bedarf meist keiner Würzung mehr.

Getrocknete Tomaten

Getrocknete, in Olivenöl eingelegte, gewürzte Tomaten werden in Feinkostabteilungen der Supermärkte oder im Feinkostladen angeboten. Sie sind als Grundlage für den Pizzabelag ungeeignet. Vielmehr verleihen sie ihm als würzende Beimischung einen ganz besonderen Geschmack. Getrocknete Tomaten läßt man abtropfen und schneidet sie anschließend in kleine Würfel.

Getrocknete Tomaten geben dem Pizzabelag einen besonders würzigen Geschmack.

Frische Tomaten

Ob Eier-, Flaschen-, Fleisch-, Kirsch-, Strauch- oder ganz normale Tomaten – alle können einen Platz auf der Pizza finden. Dabei schneidet man sie in Scheiben, Stücke oder Spalten. Bei Kirschtomaten genügt es auch, sie zu halbieren. Es ist lediglich eine Frage des Aufwands und des Geschmacks, ob man die Tomaten zuvor enthäutet. Auf jeden Fall geht es auch mit Schale.
Wenn man frische Tomaten für die Pizza verwenden möchte, empfiehlt es sich, den Pizzaboden mit etwas Tomatensaft oder passierten Tomaten oder aber reichlich Olivenöl zu bestreichen, damit die Pizza nicht zu trocken wird.

Kräuter, Gewürze & Öle

Kräuter, Gewürze, Salz und Knoblauch geben Pizzas, Quiches und Tartes geschmacklich Pep. Sie unterstreichen durch ihr Aroma den Eigengeschmack der verschiedenen Zutaten. Ohne sie geht es einfach nicht. Die richtige Auswahl und die passenden Kombinationen verschiedener Gewürze und Kräuter leisten einen entscheidenden Beitrag zum Gelingen eines Gerichts. Vorschläge finden sich in den Rezepten. Aber eigene Würzideen sind natürlich erlaubt. Wer also Rezepte nach persönlichen Geschmacksvorlieben abwandeln möchte – nur zu.

Frische Kräuter

Frische Küchenkräuter sind das Edelste, was einer Pizza, einer Quiche oder einer Tarte zuteil werden kann. Ihr Aroma ist besonders intensiv und unverfälscht. Frisch gepflückte, junge, zarte Kräuter eignen sich am besten. Stets nur die Blättchen und ganz besonders zarte Stiele verwenden.
Was die Pizza betrifft, so finden vor allem Oregano, Majoran, Basilikum, Rosmarin und Salbei, also die typischen Kräuter der italienischen Küche, Verwendung. Sie spielen aber auch bei den Quiches und Tartes eine große Rolle. Allerdings wird die Palette hier noch um Petersilie, Schnittlauch, Dill, Sauerampfer, Zitronenmelisse u.v.m. erweitert.

Kräuter zerkleinern

Wer ein Wiegemesser besitzt, sollte Kräuter auf jeden Fall damit zerkleinern. Ihr Aroma entfaltet sich dabei besonders gut. Ansonsten lassen sie sich aber auch gut hacken oder fein schneiden. Man sollte ein großes schweres Messer bevorzugen. Auch eine Küchenschere kann gute Dienste leisten. Für großblättrige Kräuter ist das Kleinschneiden mit einem Messer sicher die beste Methode. Vor dem Zerkleinern sollten die Kräuter stets unter kaltem Wasser abgespült und anschließend trockengetupft werden.

Mit dem Wiegemesser kann man gut Kräuter zerkleinern.

Kräuter frischhalten

Kräuter sollten immer unzerkleinert frisch gehalten werden, das Zerkleinern erfolgt erst kurz vor der Verwendung. Zur richtigen Aufbewahrung die Kräuter waschen, gut abtropfen lassen, ganz locker in einen Frischhaltebeutel stecken und möglichst aufrecht ins Gemüsefach des Kühlschranks stellen. Ebenso können sie in eine luftdicht verschließbare Kunststoffdose gelegt werden. Kräuter mit langen Stielen können auch locker mit einem Stück Frischhaltefolie umhüllt werden, so daß etwa ein Drittel der Stiele frei bleibt. Sie dann in ein mit wenig Wasser gefülltes Glas stellen und das Ganze ebenfalls im Gemüsefach des Kühlschranks aufbewahren.

In Frischhaltefolie verpackt, bleiben Kräuter einige Tage frisch.

Getrocknete Kräuter

Alle verwendeten frischen Kräuter können natürlich durch Trockenkräuter ersetzt werden. Wobei der Geschmack vieler Trockenkräuter nicht mit dem der frischen gleichzusetzen ist. Meist schmecken sie recht stark vor. Deshalb empfiehlt es sich, die Menge je nach Kraut auf ein Drittel oder gar weniger zu reduzieren. Trockenkräuter sollten stets in eine feuchte Masse gegeben werden. Beim Einrühren in den Guß für Quiche und Tarte ist diese Voraussetzung immer gegeben. Bei einer Pizza kommen die Kräuter unter die jeweilige Tomatenmasse. Auf keinen Fall erst am Schluß über den Belag streuen: Die Trockenkräuter würden beim Backen verbrennen.

Tiefkühlkräuter

In den meisten Tiefkühltheken ist das Angebot an gefrorenen Kräutern recht groß. Neben einzelnen Kräutersorten findet man auch Kräutermischungen, wie z. B. Italienische Kräuter, Kräuter der Provence oder 8-Kräuter-Mischung.

Tiefkühlkräuter werden mengenmäßig in etwa wie frische Kräuter verwendet. Man sollte eher etwas mehr nehmen, da ihr Aroma meist nicht ganz so intensiv ist.
Wichtigste Voraussetzung beim Selbsteinfrieren von Kräutern ist absolute Frische. Die Kräuter kalt waschen, trockenschütteln oder -schleudern und gegebenenfalls trockentupfen, dann grob zerpflücken oder fein zerkleinern, in einen kleinen Gefrierbeutel oder eine kleine Gefrierdose geben und tiefgefrieren. Die Kräuter können natürlich auch im Ganzen eingefroren werden. Sie brauchen später vor dem Zerkleinern nicht aufgetaut werden.

Salz

Alle Gerichte aus diesem Buch werden mit Jodsalz zubereitet - ein Beitrag zur besseren Jodversorgung. Teige von Pizza, Quiche und Tarte brauchen nur wenig Salz, wenn ihr Belag kräftig gewürzt ist. Aber auch bei Belag und Guß sollte man mit dem Salz sparsam umgehen, wenn salzige Zutaten, wie z. B. Dörrfleisch, Schinkenspeck, Räucherfisch, Sardellen, Kapern oder Hartkäse, verwendet werden.

Gewürze

Neben Pfeffer oder Paprikapulver geben exotische Gewürze, wie Cayennepfeffer, Muskatnuß, Currypulver, Kurkuma, Zimt u.v.m den Gerichten verschiedenste Geschmacksrichtungen. So mancher Hobbykoch hat vielleicht eine ganz besondere Kräuter-Gewürz-Mischung aus dem letzten Urlaub mitgebracht. Auch sie kann zum Einsatz kommen.
Neben den einzelnen Gewürzen gibt es auch Gewürzmischungen, wie z. B. Pizzagewürz (Kräuter plus Gewürze). Da sie nicht jedermanns Geschmack treffen, haben wir in den Rezepten auf sie verzichtet. Wer sie mag, kann sie gern verwenden. Viele dieser Mischungen enthalten auch Salz - also den Salzstreuer sparsam einsetzen. Pfeffer und Muskatnuß sollten möglichst frisch gemahlen bzw. frisch gerieben zum Einsatz kommen. Dann ist ihr Aroma besonders fein. Pfeffer kann ganz nach den persönlichen Geschmack fein oder grob gemahlen werden.
In den meisten Rezepten sind für die Gewürze keine genauen Mengen angegeben. Das hat zwei Gründe. Zum einen lassen sich solch kleine Mengen nur schlecht abmessen und zum anderen muß ein Gericht nach individuellem Geschmacksempfinden abgeschmeckt werden. Hier ist also die Zunge des Kochs gefordert.

Knoblauch

Entweder man mag ihn, oder man kann ihn nicht riechen. Pizza, Quiche und Tarte kommen jedenfalls nur schwer ohne ihn aus.
Je nach Jahreszeit und Geschmacksvorliebe kann frischer oder getrockneter Knoblauch verwendet werden. Der frische ist etwas milder. Er kommt auch immer dann zum Einsatz, wenn nur ein Hauch von Knoblauch gewünscht wird.

Knoblauch ganz nach Belieben verwenden.

Die Öle

Bei der Zubereitung von Pizza wird natürlich meistens Olivenöl verwendet. Es trägt zum typischen Pizzaaroma bei.
Für einige Pizza- und Quicherezepte wird Knoblauchöl benötigt. Dieses bekommt man in gut sortierten Lebensmittelgeschäften oder im Feinkostladen. Man kann es aber auch ganz einfach selbst herstellen. Dabei kommen auf einen 1/2 Liter Öl 5 bis 6 mittelgroße Knoblauchzehen. Die Zehen schälen, mit einem spitzen Messer mehrmals einritzen, in das Öl geben und die Flasche gut verschließen. Nach etwa 14 Tagen (Lagerung bei Zimmertemperatur) ist das Öl gebrauchsfertig. Wird es zügig aufgebraucht, können die Knoblauchzehen darin verbleiben. Werden sie entfernt, hält sich das Öl etwas länger – auf keinen Fall jedoch so lange wie das reine Öl.
Welches Öl verwendet wird, ist Geschmacksache. Ein feines Olivenöl ist empfehlenswert. Öle mit besonders kräftigem Eigengeschmack, wie z. B. Nußöle, Traubenkernöl, Lein- oder Kürbiskernöl, eignen sich nicht. Noch eins ist wichtig: Die verwendeten Knoblauchzehen müssen immer von einwandfreier Qualität sein.

Gemüse

Ob frisch, tiefgekühlt oder aus der Konserve – Gemüse kann in jeder der genannten Form für Pizza, Quiche oder Tarte in Frage kommen.
Frisches Gemüse sollte immer bißfest vorgegart (z. B. gekocht, gedünstet oder gedämpft) werden, da es ansonsten während der Backzeit nicht gar würde. Manche Gemüsesorten, wie z. B. Spinat oder frische Pilze, sollen beim Vorgaren auch überschüssige Flüssigkeit verlieren.
Auch Tiefkühlgemüse muß vorab bißfest gegart werden. Die Garzeiten können je nach Verarbeitungszustand des gefrorenen Gemüses sehr unterschiedlich sein. Daher die jeweiligen Packungshinweise beachten.

Fisch & Meeresfrüchte

Bei Fisch und Meeresfrüchten kommt frische Ware oder ein Tk-Produkt in Frage. Bei Sardinen oder Sardellen für eine Pizza werden in Öl bzw. in Salzlake eingelegte Produkte bevorzugt.
Fisch ist am einfachsten zu handhaben, wenn er als Filet ohne Gräten und ohne Haut eingekauft wird.
Garnelen können frisch oder vorgegart verwendet werden. Muscheln müssen vorher immer gekocht werden.
Tintenfischringe und Meeresfrüchtemischungen sollten in Öl angebraten oder mit Öl beträufelt werden, damit sie beim Backen nicht zu sehr austrocknen.
Frischer Fisch und frische Meeresfrüchte müssen stets unmittelbar vor der Verarbeitung eingekauft werden und dürfen nur kurzzeitig, das heißt höchstens 1 Tag, im Kühlschrank aufbewahrt werden.

Schinken, Wurst & Co.

Während bei der Pizza vor allem Schinken und Rohwurst eine Rolle spielen, sind es bei Quiche und Tarte Schinkenspeck, Dörrfleisch, Hackfleisch oder Geflügelfleisch. Man sollte immer darauf achten, möglichst magere Fleischprodukte zu verwenden, damit die Gerichte nicht zu fettreich werden.

Milchprodukte

Sieht man vom Käse ab, so finden Milchprodukte auf einer Pizza selten Platz. Quiche und Tarte hingegen brauchen davon jede Menge. Sie bilden zusammen mit Eiern die Grundlage für den Belag. Sie betten die übrigen Zutaten ein und sorgen dafür, daß sich Gewürze und Kräuter verteilen.
Die meisten Milchprodukte bringen einiges an Fett in die Gerichte. Quiche und Tarte gehören nun mal nicht der „schlanken Küche" an. Magere Milchprodukte würden Geschmackseinbußen und manchmal auch ein Nichtgelingen zur Folge haben. Etwas Fett zu sparen, das bietet sich vor allem bei den Frischkäsen an. Statt Sahnequark kann meist ein Magerquark genommen werden. Und ein Frischkäse mit Doppelrahmstufe kann problemlos gegen einen mit Rahmstufe ausgetauscht werden. Was die Auswahl der Fettstufen bei Käse betrifft, so haben Sorten mit 45 % Fett in der Trockenmasse bereits gute Schmelzeigenschaften. Aber auch Käse mit 30 % Fett in der Trockenmasse können Verwendung finden.

Eier

Eier sind für Quiche und Tarte unverzichtbar. Sie verleihen dem Belag die nötige Standfestigkeit. Die Eimenge in den Rezepten wurde möglichst gering gehalten – weniger ist kaum machbar. In den Teigen wurde konsequent auf Eier verzichtet. Da es die Gewichtsklassen für Eier in Zukunft nicht mehr geben wird, sind sie auch nicht berücksichtigt. Es findet sich manchmal der Hinweis, ob die Eier eher groß oder klein sein sollen. Wird dies nicht näher bestimmt, sind Eier mittlerer Größe gemeint.
Eier sollten, und das ist eigentlich klar, immer ganz frisch sein.

Der Käse ist die Krönung

Der italienische Pizzabäcker legt den Käse meist unter die übrigen Zutaten direkt auf die Tomatengrundlage der Pizza. Besondere Öfen mit hervorragenden Backeigenschaften und somit kürzeren Backzeiten machen es möglich, daß der Käse nicht austrocknet, nicht zu stark bräunt oder gar verbrennt. Der Durchschnittsherd in deutschen Küchen ist zu solcher Höchstleistung nicht fähig. Aus diesem Grund sehen wir den Käse eher als „Topping" auf der Pizza. Damit er nicht austrocknet oder gar verbrennt, wird er erst kurz vor Ende der Backzeit auf Pizzas, Quiches und Tartes gegeben. Wer den Käse lieber gebräunt mag, gibt ihn entsprechend früher darauf.

Wer nun glaubt, der Käse auf der Pizza ist ein Muß, der irrt. Viele Originalpizzarezepte aus Italien werden ohne Käse zubereitet. Bei den einstigen Erfindern der Pizza soll der Käse noch gar keine Rolle gespielt haben. Wie dem auch sei, dieses Buch bietet beides – Pizza mit und Pizza ohne Käse. Wenn Sie nun zu denjenigen gehören, für die eine Pizza ohne Käse undenkbar ist, dann legen Sie einfach Ihren Lieblingskäse auf die jeweils gewählte Pizza – ganz egal, was das Rezept auch vorgeben mag.
Bei den Quiches und Tartes ist obenauf gestreuter Käse eher eine Seltenheit. Das liegt vor allem daran, daß die Füllungen aus Frischkäse, Sahne, Schmand, Eiern etc. bereits einen recht üppigen Fettgehalt aufweisen. Ein weiterer Grund ist, daß der Käsegeschmack zu sehr in den Vordergrund treten würde. Zusätzlicher Käse kommt nur dann ins Spiel, wenn es die Geschmackskombination ausdrücklich fordert.

Mozzarella

Mozzarella ist und bleibt wohl der Klassiker unter den Pizzakäsen. Der Mozzarellakäse gehört zu den sogenannten Filata- oder Knetkäsen. Er wird durch nachhaltiges Kneten in seine elastische Form gebracht. Der junge Käse wird in Salzlake eingelegt. Er muß stets gut gekühlt werden und ist nur kurze Zeit lagerfähig.
Traditionell wird Mozzarella aus Büffelmilch hergestellt. Diese Sorte ist jedoch bei uns nur an gut bestückten Käsetheken erhältlich. Im allgemeinen bekommt man den wesentlich günstigeren Kuhmilchmozzarella zu kaufen. Er wird meist in größeren Kugeln von 125 g angeboten. Solche werden auch in den Rezepten dieses Buches verwendet. Es gibt ihn aber auch in Stangen, in kleinen Portionskugeln oder vom Block geschnitten.
Da Mozzarella recht frisch und ungereift gegessen wird, ist er von feinem und sehr mildem Geschmack. Für manchen schmeckt er „nach gar nichts". Sollten Sie das auch finden, dann tauschen Sie den in den Rezepten angegebenen Mozzarella einfach gegen einen Käse Ihres Geschmacks aus.

Die Schnittfesten

Der wahrscheinlich bekannteste Schnittkäse ist der Gouda aus Holland. Aber auch ein Appenzeller aus der Schweiz, ein Taleggio aus Italien oder ein Cheddar aus England kommen in den Rezepten dieses Buches zu Ehren. Mit einem Fettgehalt von 45 % Fett in der Trockenmasse und mehr haben sie alle hervorragende Schmelzeigenschaften. Und natürlich gibt jeder dem jeweiligen Gericht seinen typischen Geschmack. Dieser kann je nach Reifegrad mild oder würzig sein. Vor allem beim Gouda gilt es deshalb beim Einkauf auf die Klassifizierung jung, mittelalt oder alt zu achten.
Schließlich sei noch ein Käse erwähnt, der trotz eines hohen Fettgehalts kaum schmilzt, aber aufgrund seines besonderen Geschmacks gerade auch in der warmen Küche recht beliebt ist. Die Rede ist vom Schafkäse in Lake. Auch in diesem Buch ist er in diversen Rezepten zu finden.

Die Harten

Die Hartkäse, wie z. B. Emmentaler, Greyerzer, Pecorino oder Parmesan, finden vor allem deshalb Verwendung, weil sie den Gerichten ihren besonderen Eigengeschmack verleihen. Ihre Schmelzeigenschaften treten dabei in den Hintergrund.
Frisch geriebener Hartkäse, der den Quiche- oder Tartefüllungen zugegeben wird, sorgt beim Aufgehen und Stocken für Volumen und Festigkeit der Masse und verleiht ihr einen kräftig-pikanten Geschmack. Je reifer ein Hartkäse ist, desto ausgeprägter ist sein Geschmack. Manche Hartkäse werden deshalb auch als Würzkäse bezeichnet.

Frisch gerieben schmeckt`s am besten

Es lohnt sich, den Käse am Stück zu kaufen und ihn erst kurz vor der Verwendung mit einer speziellen Käsereibe, einer herkömmlichen Küchenreibe oder in der Küchenmaschine zu reiben. Sein Aroma bleibt so am besten erhalten. Auch an mancher Käsetheke kann man sich den Käse frisch reiben lassen.
Schließlich gibt es heute in vielen Kühltheken ein recht großes Angebot an geriebenem Käse. Es werden einzelne Käsesorte, Käsemischungen, wie z. B. Gouda plus Mozzarella oder gewürzte Käse, angeboten. All diese Sorten eignen sich grundsätzlich für die Rezepte in diesem Buch. Wer sie verwenden möchte, kann dies nach Belieben tun.

Die Edlen

Edelpilz- oder Blauschimmelkäse, wie Gorgonzola und dänischer Edelpilzkäse, geben einer Pizza, einer Quiche oder einer Tarte eine ganz besonders würzige Geschmacksnote. Sie müssen aber auf jeden Fall wohl dosiert sein, damit das ganze Gericht am Ende nicht zu streng schmeckt. Edelpilzkäse können aus Schafmilch, aus Kuhmilch oder aus beiden Milchsorten zusammen hergestellt sein. Die Milchgrundlage hat einen entscheidenden Einfluß auf den Geschmack.

Die Frischen

Für die Pizza hat der Frischkäse nur eine sehr geringe Bedeutung. Bei Quiche und Tarte hingegen ist er der Renner.
Neben Magerquark und Sahnequark finden vor allem Sorten der Rahm- und Doppelrahmstufe Verwendung. Wenn es etwas ausgefallener sein soll, bildet ein kräftiger Ziegenmilchfrischkäse oder ein Ricotta die Grundlage für den Guß.

VORSPEISEN UND PIZZABROTE

Nicht nur als Hauptgericht sind Pizzas, Quiches oder Tartes eine leckere Sache, auch als Vorspeisen eignen sie sich hervorragend. Probieren Sie selbst!

Pizzabrot mit Kräutern

Für ca. 8 Portionen:

Für den Pizzateig:
Zutaten siehe Seite 10/11
Für den Belag:
1 kl. Dose Pizzatomaten (400 g)
1 1/2 gestr. El gerebeltes Oregano oder getrockneter Majoran
1 El Olivenöl
etwas Jodsalz
etwas frisch gemahlener schwarzer Pfeffer
etwas edelsüßes Paprikapulver
Außerdem:
etwas Olivenöl für die Backbleche bzw. die Pizzaformen

1. Den Pizzateig zubereiten und gehen lassen (Beschreibung siehe Seite 10/11).
2. In der Zwischenzeit Pizzatomaten, Oregano oder Majoran und Öl verrühren. Das Ganze mit Salz, Pfeffer und Paprikapulver abschmecken.
3. Den Ofen auf 200°C vorheizen und 2 Backbleche oder 2 Pizzaformen ausfetten. Den Teig zu 2 runden Fladen von etwa 28 cm Ø ausrollen und auf die Bleche oder in die Formen legen.
4. Die Tomaten-Kräuter-Mischung gleichmäßig darauf verteilen. Das Ganze nochmals an einem warmen Ort einige Minuten gehen lassen.
5. Die Fladen auf der zweiten Schiene von unten in den Ofen schieben und etwa 30 Minuten backen.
6. Die Fladen aus dem Ofen nehmen und gleich mit einem Pizzarad in je 12 Stücke schneiden.

Zubereitungszeit: ca. 25 Minuten
Zeit zum Gehen: ca. 95 Minuten
Backzeit: ca. 30 Minuten
Pro Portion ca. 242 kcal/1012 kJ, 6 g E, 8 g F, 36 g KH

Variation 1

Anstelle der Trockenkräuter 3 El fein gehackte frische Kräuter, wie zum Beispiel Oregano, Majoran, Basilikum oder Thymian, verwenden.

Variation 2

Etwa 130 g Zwiebeln schälen, nicht zu fein hacken und in 2 Eßlöffeln Olivenöl glasig dünsten. Das ganze zusammen mit 1 gestrichenen El Trockenkräuter sowie dem Öl unter die Pizzatomaten rühren.

Variation 3

Etwa 150 g grüne oder schwarze Oliven ohne Stein in feine Ringe schneiden und zusammen mit 1 gestrichenen El Trockenkräuter sowie Öl unter die Pizzatomaten rühren.

Variation 4

Etwa 150 g Parmesan fein reiben und zusammen mit 1 knappen El gerebeltem Oregano sowie dem Öl unter die Pizzatomaten rühren.

Pizzafladen

Für ca. 8 Portionen:

Für den Pizzateig:
Zutaten siehe Seite 10/11
Außerdem:
etwas grobes Meersalz
Olivenöl zum Beträufeln der Pizza und für die Backbleche oder die Pizzaformen

1. Den Pizzateig zubereiten, aber etwas mehr Salz (etwa 1 Tl) nehmen, und gehen lassen (Beschreibung siehe Seite 10/11).
2. Den Teig nochmals kneten, in zwei gleich große Stücke teilen und diese zu 2 runden Fladen von etwa 28 cm Ø ausrollen. Backbleche oder Pizzaformen mit Öl einfetten und die Teigfladen darauf legen.
3. Die Fladen mit einer Gabel mehrmals einstechen und nochmals etwa 1 Stunde gehen lassen.
4. Den Backofen auf 240°C vorheizen. Die Fladen mit reichlich Öl bestreichen und mit etwas grobem Meersalz betreuen.
5. Die Fladen auf der zweiten Schiene von unten in den Backofen schieben und etwa 15 Minuten backen.

Zubereitungszeit: ca. 20 Minuten
Zeit zum Gehen: ca. 150 Minuten
Backzeit: ca. 15 Minuten
Pro Portion ca. 225 kcal/942 kJ, 5 g E, 7 g F, 35 g KH

Variation 1

3 Knoblauchzehen schälen, fein hacken und zusammen mit 1 Tl gerebeltem Oregano vor dem Gehen unter den Teig kneten.

Variation 2

Etwa 40 g Walnüsse oder Pinienkerne kleinhacken und vor dem zweiten Gehen unter den Teig mischen.

Variation 3

Etwa 50 g in Öl eingelegte, getrocknete Tomaten in feine Würfel schneiden und vor dem zweiten Gehen unter den Teig geben.

Variation 4

Etwa 2 El Thymianblättchen oder fein gehackte Rosmarinnadeln vor dem zweiten Gehen unter den Teig geben.

Variation 5

Etwa 80 g mageres Dörrfleisch in ganz kleine Würfel schneiden und in einer Pfanne kurz braten. Die Dörrfleischwürfel vor dem zweiten Gehen unter den Teig geben.

Variation 6

Etwa 100 g schwarze Oliven, ohne Stein, in dünne Ringe schneiden und vor dem zweiten Gehen unter den Teig geben.

Variation 7

Etwa 100 g Pecorino in kleine Würfel schneiden und vor dem zweiten Gehen unter den Teig geben.

Pizza-Knäcke-brot

Für 6 Personen:

Für den Brotteig:
Zutaten siehe Seite 11
Außerdem:
Backpapier
etwas Olivenöl zum Bestreichen
1 Tl grobes Meersalz

1. Den Brotteig zubereiten, aber etwas mehr Salz (etwa 1 Tl) nehmen, und gehen lassen. (Beschreibung siehe Seite 11).
2. Mit Backpapier 2 Backbleche auslegen. Den Teig in zwei Hälften teilen und auf dem Backpapier zu je einer Platte von etwa 30 x 25 cm ausrollen. Die Platten mit einem Teigrädchen in jeweils 15 Stücke einteilen.
3. Den Backofen auf 175°C vorheizen. Die Teigplatte gut mit Olivenöl bepinseln, abdecken und knapp 10 Minuten an einem warmen Ort gehen lassen.
4. Das Brot mit grobem Meersalz bestreuen. Das Backblech auf der mittleren Schiene in den Backofen schieben und das Brot 20 bis 25 Minuten backen. Es sollte fest, aber nicht braun sein.
5. Das Brot herausnehmen, an den markierten Stellen sofort in Stücke brechen und abkühlen lassen.

Zubereitungszeit: ca. 15 Minuten
Zeit zum Gehen: ca. 110 Minuten
Backzeit: ca. 25 Minuten
Pro Portion ca. 281 kcal/1177 kJ, 8 g E, 8 g F, 45 g KH

Tips
Das Pizza-Knäckebrot eignet sich als Knabbergebäck zu einem trockenen Aperitif oder als Beilage zu einem bunten Salat. Wer kein Teigrädchen hat, nimmt entweder einen Pizzaschneider oder ein Messer. Reste am besten in einer Blechdose aufbewahren. Das Brot hält sich darin mehrere Tage.

Variation 1

Etwa 2 Tl gemischte getrocknete Kräuter vor dem ersten Gehen unter den Teig kneten. Es gibt hier verschiedene Mischungen. Besonders gut schmecken solche mit ein wenig getrockneten Tomaten. Die Kräutermischungen sollten jedoch kein Salz enthalten. Anstelle der Mischungen kann man auch die Kräuter einzeln nehmen, z.B. gerebeltes Oregano, Thymian oder Rosmarin.

Variation 2

Etwa 2 Tl grob gemahlenen schwarzen Pfeffer vor dem ersten Gehen unter den Teig kneten.

Variation 3

Etwa 2 El grob gehackte frische Rosmarinnadeln vor dem ersten Gehen unter den Teig kneten.

Variation 4

Etwa 50 g grüne Oliven, ohne Stein halbieren und dann in ganz feine Scheiben schneiden. Die Oliven vor dem ersten Gehen unter den Teig kneten.

Kartoffelfladen

Für 16 kleine Fladen:

Für den Teig:
150 g Kartoffeln
Jodsalz
20 g frische Hefe
160 bis 180 ml lauwarmes Wasser
300 g Weizenmehl
1 El Olivenöl
Für den Belag:
siehe verschiedene Vorschläge
etwas Olivenöl für die Backbleche

1. Die Kartoffeln waschen und in Salzwasser je nach Größe in 20 bis 30 Minuten weichkochen.
2. Die Kartoffeln pellen und durch eine Kartoffelpresse in eine Schüssel drücken.
3. Die Hefe mit etwas lauwarmem Wasser verrühren. Das Weizenmehl über die Kartoffeln geben, eine Mulde hineindrücken und das Hefewasser hineingeben. Die Schüssel abdecken und die Hefe etwa 15 Minuten gehen lassen.
4. Etwa 1/2l Tl Jodsalz und das Öl zu den Teigzutaten geben und alles verrühren. Dabei das restliche Wasser dazugeben, aber nur soviel wie der Teig aufnehmen kann. (Die genau benötigte Wassermenge hängt vom Wassergehalt der Kartoffeln ab.) Alles zu einem glatten Teig verkneten, diesen wieder in die Schüssel legen und abdecken. Den Teig etwa 30 Minuten gehen lassen, er sollte dann sein Volumen verdoppelt haben.
5. Den Backofen auf 180°C vorheizen und den Teig in 16 gleich große Stücke teilen. Diese zu einer Kugel rollen und dann mit den Händen zu einem runden Fladen von etwa 8 cm Ø ausziehen.
6. Anschließend die Backbleche einfetten und die Fladen nicht zu dicht nebeneinander darauf legen. Die Fladen nochmals etwa 10 Minuten an einem warmen Ort gehen lassen.
7. Die Fladen wie nachfolgend angegeben belegen. Ein Backblech auf der zweiten Schiene von unten in den Ofen schieben und die Fladen 15 bis 20 Minuten backen.

Zubereitungszeit: ca. 75 Minuten
Zeit zum Gehen: ca. 55 Minuten
Backzeit: ca. 15 Minuten
Pro Portion ca. 82 kcal/342 kJ, 2 g E, 1 g F, 15 g KH

Rosmarinbelag

Die Fladen mit Öl bepinseln und mit 8 Tl fein geschnittenem Rosmarin und etwas grobem Meersalz bestreuen.

Ricottabelag

4 Tomaten (ca. 280 g) waschen, den Stielansatz herausschneiden. Die Tomaten in Scheiben schneiden, entkernen und auf die Fladen legen. Frische Oreganoblättchen darauf streuen, salzen und pfeffern. Je 1 Tl Ricotta (insgesamt ca. 160 g) auf einen Fladen setzen und 250 g in Scheiben geschnittener Mozzarella darauf legen.

Sardellenbelag

160 g abgetropfte Pizzatomaten auf den Fladen verteilen. Etwa 80 g feingeschnittene Frühlingszwiebeln und 16 feingehackte frische Salbeiblätter darüberstreuen. Mit wenig Salz und Pfeffer würzen. Dann 16 auf Küchenkrepp abgetropfte Sardellenfilets (ca. 80 g) in die Mitte der Fladen legen.

Schmand-Dill-Fladen

Für 8 Portionen:

Für den Pizzateig:
Zutaten siehe Seite 10/11
Für den Belag:
200 g Schmand oder Sauerrahm (24 % Fett)
1 El Olivenöl
2 El fein gehackter Dill
etwas Jodsalz
etwas frisch gemahlener weißer Pfeffer
etwas edelsüßes Paprikapulver
Außerdem:
etwas Öl für die Backbleche

1. Den Pizzateig zubereiten und gehen lassen (Beschreibung siehe Seite 10/11).
2. In der Zwischenzeit Schmand, Öl und Dill verrühren. Das Ganze mit Salz, Pfeffer und Paprikapulver abschmecken. Den Ofen auf 200°C vorheizen und 2 Backbleche einfetten.
3. Den Teig in 8 gleiche Stücke teilen. Die Teigstücke jeweils zu einem etwa 1/2 cm dicken Fladen ausrollen.
4. Die Fladen auf die Bleche legen und die Schmand-Öl-Mischung darauf verteilen. Das Ganze einige Minuten gehen lassen.
5. Die Fladen auf der zweiten Schiene von unten in den Ofen schieben und 20 bis 25 Minuten backen.

Zubereitungszeit: ca. 40 Minuten
Zeit zum Gehen: ca. 95 Minuten
Backzeit: 20 bis 25 Minuten
Pro Portion ca. 364 kcal/1524 kJ, 9 g E, 17 g F, X 46 KH

Variation

Statt Dill können andere frisch gehackte Kräuter, wie zum Beispiel Thymian, Rosmarin, Basilikum, Majoran, Blattpetersilie oder Salbei, genommen werden. Bei Kräutern mit sehr intensivem Aroma, (Rosmarin oder Salbei), sollte die Menge auf 1 El reduziert werden.

Calzone mit Paprikaschoten

Für 8 Portionen:

Für den Pizzateig:
Zutaten siehe Seite 10/11
Für die Füllung:
80 g Schafkäse, in Kräuter-Knoblauch-Öl eingelegt
4 gelbe spitze Paprikaschoten (ca. 350 g)
2 Tomaten (ca. 200 g)
80 g Mozzarella
etwas Jodsalz
etwas frisch gemahlener schwarzer Pfeffer
Außerdem:
etwas Olivenöl zum Bepinseln und für die Backbleche

1. Den Pizzateig zubereiten und eine Weile lang gehen lassen (Beschreibung siehe Seite 10/11).
2. Den Schafkäse abtropfen lassen und das Öl auffangen. Die Paprikaschoten putzen und in etwa 1 cm große Würfel schneiden. Die Tomaten waschen, achteln. Die Stielansätze und das Kerngehäuse herausschneiden. Das Tomatenfleisch in etwa 1 cm große Würfel schneiden.
3. Das Öl, in dem der Schafkäse eingelegt war, erhitzen und die Paprika- und Tomatenwürfel darin 3 bis 4 Minuten braten, salzen und pfeffern und auf einem Küchenkrepp abtropfen lassen.
4. Den Backofen auf 200°C vorheizen. Den Schafkäse und den Mozzarella in etwa 1/2 cm große Würfel schneiden.
5. Dann den Teig in 8 gleich große Stücke teilen und zu 8 Platten (ca. 16 cm Ø) ausrollen.
6. Jeweils auf einer Seite der Teigplatten das Gemüse verteilen und die Käsewürfel darübergeben. Die andere Seite der Teigplatten über die Füllung klappen und die Ränder der Teigtäschchen mit einer Gabel fest zusammendrücken.
7. Backbleche einfetten, die Teigtäschchen darauf setzen und mit Öl bepinseln. Die Teigtäschchen auf der zweiten Schiene von unten in den Ofen schieben und nacheinander etwa 20 Minuten backen.

Zubereitungszeit: ca. 55 Minuten
Zeit zum Gehen: ca. 90 Minuten
Backzeit: ca. 20 Minuten
Pro Portion ca. 276 kcal/1157 kJ, 10 g E, 10 g F, 37 g KH

Calzone mit Sardinen

Für 8 Portionen:

Für den Pizzateig:
Zutaten siehe Seite 10/11
Für die Füllung:
150 g Zwiebeln
40 g schwarze Oliven, ohne Stein
1/2 Dose Sardinen ohne Haut und Gräten, in Öl eingelegt (80 g EW)
2 El Olivenöl
1/2 Dose Pizzatomaten (200 g)
2 El grob gehackte Petersilie
1 El abgetropfte Kapern
etwas Jodsalz
etwas frisch gemahlener schwarzer Pfeffer
80 g fein geriebener Pecorino
Außerdem:
etwas Olivenöl zum Bepinseln und für die Backbleche

1. Den Pizzateig zubereiten und gehen lassen (Beschreibung siehe Seite 10/11).

2. In der Zwischenzeit die Zwiebeln schälen und würfeln. Oliven in Scheiben schneiden. Die Sardinen abtropfen lassen und in kleine Stücke schneiden.

3. Die Zwiebeln in heißem Öl glasig dünsten. Dann Oliven, Sardinenstücke, Tomaten, Petersilie und Kapern dazugeben. Alles salzen und pfeffern und den Pecorino darunterrühren.

4. Den Ofen auf 200°C vorheizen. Den Teig in 8 gleich große Stücke teilen und jedes Stück zu einem runden, dünnen Fladen (ca. 16 cm Ø) ausrollen. Ein Backblech mit Öl einfetten.

5. Die Füllung auf einer Seite der Fladen verteilen. Die andere Seite über die Füllung klappen, und die Ränder der Teigtaschen mit einer Gabel fest zusammendrücken.

6. Die Pizzatäschchen auf die Backbleche legen und mit Öl bepinseln. Ein Backblech auf der zweiten Schiene von unten in den Ofen schieben und die Täschchen nacheinander etwa 30 Minuten backen.

Zubereitungszeit: ca. 55 Minuten
Zeit zum Gehen: ca. 90 Minuten
Backzeit: ca. 30 Minuten
Pro Portion ca. 307 kcal/1284 kJ, 9 g E, 13 g F, 38 g KH

Calzone mit Petersilie

Für 8 Portionen:

Für den Pizzateig:
Zutaten siehe Seite 10/11
Für die Füllung:
1 Bund Blattpetersilie (ca. 120 g)
160 g Provolone
160 g milder roher Schinken, in dünnen Scheiben
etwas Jodsalz
etwas frisch gemahlener schwarzer Pfeffer
Außerdem:
etwas Olivenöl zum Bepinseln und für die Backbleche

1. Den Pizzateig zubereiten und gehen lassen (Beschreibung siehe Seite 10/11).
2. In der Zwischenzeit die Blattpetersilie waschen, die Blätter abzupfen und in etwa 1/2 cm breite Streifen schneiden. Den Provolone in sehr kleine Würfel schneiden. Dann den Schinken in etwa 1 cm breite Streifen schneiden.
3. Den Backofen auf 200°C vorheizen. Den Pizzateig in 8 gleich große Stücke teilen und diese zu kleinen Platten (ca. 16 cm Ø) ausrollen.
4. Jeweils auf eine Seite der Teigplatten zuerst die Petersilie, dann den Schinken und zum Schluß den Provolone verteilen und das Ganze leicht salzen und pfeffern.
5. Die andere Seite über die Füllung klappen und die Ränder der Teigtäschchen mit einer Gabel fest zusammendrücken.
6. Die Backbleche einfetten, die Teigtäschchen darauf setzen und mit Öl bepinseln. Die Teigtäschchen auf der zweiten Schiene von unten in den Ofen schieben und nacheinander 15 bis 20 Minuten backen.

Zubereitungszeit: ca. 45 Minuten
Zeit zum Gehen: ca. 90 Minuten
Backzeit: ca. 20 Minuten
Pro Portion ca. 314 kcal/1314 kJ, 15 g E, 12 g F, 36 g KH

Calzone mit Sardellen

Für 8 Portionen:

Für den Pizzateig:
Zutaten siehe Seite 10/11
Für die Füllung:
8 dünne Frühlingszwiebeln
4 Tomaten (ca. 400 g)
12 Sardellenfilets, in Öl eingelegt (ca. 60 g)
160 g Mozzarella
40 g Sultaninen
etwas frisch gemahlener schwarzer Pfeffer
Außerdem:
etwas Olivenöl zum Bepinseln und für die Backbleche

1. Den Pizzateig zubereiten und eine Weile lang gehen lassen (Beschreibung siehe Seite 10/11).
2. Die Frühlingszwiebeln putzen und in sehr dünne Ringe schneiden. Die Tomaten waschen, entkernen, den Stielansatz herausschneiden. Dann das Tomatenfleisch in etwa 1/2 cm große Würfel schneiden.
3. Die Sardellenfilets mit Küchenpapier trockentupfen und quer in 1/2 cm breite Stücke schneiden. Den Mozzarella in kleine Würfel schneiden. Den Backofen auf 200°C vorheizen.
4. Den Teig in 8 gleich große Stücke teilen und jedes Stück zu einer Platte (ca. 16 cm Ø) ausrollen. Jeweils auf einer Seite der Teigplatten etwas Frühlingszwiebeln, Tomatenwürfel, Sardellenfilets, Rosinen und Mozzarellawürfel geben. Das Ganze mit etwas Pfeffer bestreuen.
5. Die andere Seite der Teigplatten über die Füllung klappen und die Ränder der Teigtäschchen mit einer Gabel fest zusammendrücken.
6. Backbleche ausfetten, die Teigtäschchen darauf setzen und mit Öl bepinseln. Die Teigtäschchen auf der zweiten Schiene von unten in den Ofen schieben und nacheinander etwa 20 Minuten backen.

Zubereitungszeit: ca. 50 Minuten
Zeit zum Gehen: ca. 90 Minuten
Backzeit: ca. 20 Minuten
Pro Portion ca. 310 kcal/1296 kJ, 12 g E, 10 g F, 42 g KH

Kleine Tomatenpizza

Für 8 Portionen:

Für den Pizzateig:
Zutaten siehe Seite 10/11
Für den Belag:
300 g Pizzatomaten aus der Dose
2 Tl gerebeltes Oregano oder
1 1/2 El fein gehackte Oreganoblättchen
etwas Jodsalz
etwas frisch gemahlener schwarzer Pfeffer
etwas Cayennepfeffer
2 Kugeln Mozzarella (250 g)
1 1/2 El Olivenöl
Außerdem:
etwas Olivenöl für 1 großes Backblech

1. Den Pizzateig zubereiten und gehen lassen (Beschreibung siehe Seite 10/11).
2. In der Zwischenzeit Pizzatomaten und Oregano verrühren. Das Ganze mit Salz, Pfeffer und Cayennepfeffer abschmecken. Den Mozzarella in etwa 1 cm große Würfel schneiden.
3. Den Ofen auf 200°C vorheizen und das Backblech einfetten. Den Teig in 8 gleiche Stücke teilen und jedes zu einem runden Fladen von etwa 12 cm Ø ausrollen.
4. Die Fladen auf das Blech setzen, mit dem Öl bepinseln und die Pizzatomaten gleichmäßig darauf verteilen. Das Ganze nochmals an einem warmen Ort einige Minuten gehen lassen.
5. Die Pizza auf der zweiten Schiene von unten in den Ofen schieben und 25 Minuten backen. Etwa 10 Minuten vor Ende der Backzeit den Käse darauf verteilen.

Zubereitungszeit: ca. 30 Minuten
Zeit zum Gehen: ca. 95 Minuten
Backzeit: ca. 25 Minuten
Pro Portion ca. 320 kcal/1339 kJ, 13 g E, 14 g F, 36 g KH

Kleine Sardellenpizza

Für 8 Portionen:

Für den Pizzateig:
Zutaten siehe Seite 10/11
Für den Belag:
10 grüne Oliven ohne Stein
2 mittelgroße Zwiebeln, klein gewürfelt
2 El Olivenöl
300 g Pizzatomaten aus der Dose
1 Tl fein gehackte Salbeiblätter
wenig Jodsalz
etwas frisch gemahlener schwarzer Pfeffer
etwas Cayennepfeffer
ca. 80 g Sardellenfilets, in Lake eingelegt
80 g geriebener Pecorino
Außerdem:
etwas Olivenöl für 1 großes Backblech

1. Den Pizzateig zubereiten und gehen lassen (Beschreibung siehe Seite 10/11).
2. Die Oliven fein hacken. Die Zwiebeln im Öl glasig dünsten.
3. Pizzatomaten, Oliven und Salbei hinzugeben und das Ganze mit wenig Salz, etwas Pfeffer und Cayennepfeffer abschmecken. Die Sardellenfilets halbieren.
4. Den Ofen auf 200°C vorheizen und das Backblech einfetten. Den Teig in 8 gleiche Stücke teilen und jedes zu einem runden Fladen von etwa 12 cm Ø ausrollen.
5. Die Fladen auf das Blech setzen, die Tomaten darauf streichen und die Sardellenstücke darauf verteilen. Das Ganze nochmals einige Minuten gehen lassen.
6. Die Pizzas auf der zweiten Schiene von unten in den Ofen schieben und etwa 25 Minuten backen. Etwa 10 Minuten der Backzeit den Käse darauf verteilen.

Zubereitungszeit: ca. 45 Minuten
Zeit zum Gehen: ca. 95 Minuten
Backzeit: ca. 25 Minuten
Pro Portion ca. 287 kcal/1203 kJ, 9 g E, 11 g F, 37 g KH

Kleine Artischockenpizza

Für 8 Portionen:

Für den Pizzateig:
Zutaten siehe Seite 10/11
Für den Belag:
8 schwarze Oliven ohne Stein, mit Knoblauch eingelegt
300 g Pizzatomaten aus der Dose
2 Tl gerebeltes Oregano
etwas Jodsalz
etwas frisch gemahlener schwarzer Pfeffer
etwas Cayennepfeffer
2 Kugeln Mozzarella (250 g)
1 kl. Dose Artischocken (240 g EW)
1 1/2 El Olivenöl
Außerdem:
etwas Olivenöl für 1 großes Backblech

1. Den Pizzateig zubereiten und gehen lassen (Beschreibung siehe Seite 10/11).
2. Die Oliven fein hacken. Tomaten, Oliven und Oregano verrühren. Das Ganze mit Salz, Pfeffer und Cayennepfeffer abschmecken. Den Mozzarella in etwa 1 cm große Würfel schneiden. Die Artischocken achteln.
3. Den Ofen auf 200°C vorheizen, das Backblech einfetten. Den Teig in 8 gleiche Stücke teilen und jedes zu einem runden Fladen von etwa 12 cm Ø ausrollen.
4. Die Fladen auf das Blech setzen, mit Öl bepinseln, die Tomaten darauf verteilen. Die Artischocken darauf legen. Das Ganze an einem warmen Ort einige Minuten gehen lassen.
5. Die Pizza auf der zweiten Schiene von unten 25 Minuten backen. 10 Minuten vor Ende der Backzeit den Käse darauflegen.

Zubereitungszeit: ca. 40 Minuten
Zeit zum Gehen: ca. 95 Minuten
Backzeit: ca. 25 Minuten
Pro Portion ca. 348 kcal/1455 kJ, 13 g E, 16 g F, 37 g KH

Exotische Lauchquiche

Für 4 Portionen:

Für den Quark-Öl-Teig:
Zutaten siehe Seite 14
Für den Belag:
400 g Lauch
1 El Sonnenblumenöl
40 g magerer roher Schinkenspeck, klein gewürfelt
1/2 Banane
1 El Zitronensaft
200 g saure Sahne (10 % Fett)
2 kleine Eier
etwas Jodsalz
etwas frisch gemahlener schwarzer Pfeffer
etwas Cayennepfeffer
Currypulver nach Belieben
Außerdem:
etwas Weizenmehl zum Ausrollen
etwas Sonnenblumenöl für 4 Formen (ca. 14 cm Ø)

1. Den Quark-Öl-Teig zubereiten und ruhen lassen (Beschreibung siehe Seite 14).
2. In der Zwischenzeit den Lauch putzen, in knapp 1/2 cm breite Ringe schneiden und im heißen Öl bißfest dünsten. Den Schinkenspeck daruntermischen und das Ganze abkühlen lassen.
3. Die Banane zusammen mit dem Zitronensaft fein zermusen und mit Sahne und Eiern verquirlen. Das Ganze mit Salz, Pfeffer, Cayennepfeffer und Currypulver scharf abschmecken.
4. Den Ofen auf 200°C vorheizen. Eine Arbeitsfläche dünn mit Mehl bestäuben. Den Teig in 4 gleiche Stücke teilen und jedes zu einer runden Platte von etwa 16 cm Ø ausrollen. Die Formen ausfetten und mit dem Teig auskleiden.
5. Die Lauchmischung in die Formen verteilen. Im Anschluß daran die Sahne-Eier-Mischung gleichmäßig darübergießen.
6. Die Quiches auf der zweiten Schiene von unten in den Ofen schieben und etwa 25 Minuten backen.

Zubereitungszeit: ca. 50 Minuten
Zeit zum Ruhen: ca. 20 Minuten
Backzeit: ca. 25 Minuten
Pro Portion ca. 478 kcal/1997 kJ, 14 g E, 30 g F, 38 g KH

Zwiebel-Apfel-Quiche

Für 4 Portionen:

Für den Mürbeteig:
Zutaten siehe Seite 12/13
Für den Belag:
40 g Sultaninen
Saft von 1 kl. Zitrone
300 g Zwiebeln
2 El Sonnenblumenöl
2 säuerliche Äpfel (ca. 250 g)
200 g saure Sahne (10 % Fett)
2 kleine Eier
etwas Jodsalz
etwas Cayennepfeffer
3 Prisen Zimt
1/4 Tl Kurkuma
ca. 1/2 Tl Currypulver
60 g geriebener Appenzeller
Außerdem:
etwas Weizenmehl zum Ausrollen
etwa 400 g Hülsenfrüchte und Butterbrotpapier für das Blindbacken

1. Den Mürbeteig zubereiten und kühl stellen (Beschreibung siehe Seite 12/13). Die Sultaninen im Zitronensaft einweichen.
2. In der Zwischenzeit die Zwiebeln schälen, halbieren und in feine Scheiben schneiden. Diese im heißen Öl bißfest dünsten und abkühlen lassen.
3. Die Äpfel schälen, grob raspeln und unter die Sultaninen mengen. Sahne und Eier verquirlen und das Ganze mit Salz, Cayennepfeffer, Zimt, Kurkuma und Currypulver kräftig abschmecken.
4. Den Ofen auf 200°C vorheizen. Eine Arbeitsfläche dünn mit Mehl bestäuben. Den Teig in 4 gleiche Stücke teilen und jedes zu einer runden Platte von gut 16 cm Ø ausrollen.
5. Dann 4 runde Formen (ca.14 cm Ø) mit dem Teig auskleiden und den Boden mit einer Gabel mehrmals einstechen.
6. Das Ganze mit Butterbrotpapier belegen und die Hülsenfrüchte darauf verteilen. Den Boden auf der zweiten Schiene von unten in den Ofen schieben und etwa 20 Minuten blindbacken.
7. Die Formen aus dem Ofen nehmen. Hülsenfrüchte und Papier entfernen. Äpfel und Sultaninen etwas ausdrücken, mit den Zwiebeln mischen und das Ganze in die Formen verteilen. Die Sahnemischung darübergießen.
8. Die Quiches auf der zweiten Schiene von unten in den Ofen schieben und etwa 25 Minuten backen. Etwa 5 Minuten vor Ende der Backzeit den Käse darauf verteilen.

Zubereitungszeit: ca. 60 Minuten
Zeit zum Kühlen: ca. 60 Minuten
Backzeit: ca. 45 Minuten
Pro Portion ca. 603 kcal/2521 kJ, 12 g E, 36 g F, 56 g KH

Aprikosen-Käse-Tartelette

Für 6 Portionen:

Für den Blätterteig:
6 Scheiben Tk-Blätterteig (ca. 450 g)
Für den Belag:
9 reife Aprikosen (ca. 450 g)
125 g Ziegenfrischkäse
60 g saure Sahne (10 % Fett)
2 kleine Eier
4 El gehackte Zitronenmelisse
etwas Jodsalz
etwas frisch gemahlener schwarzer Pfeffer
etwas Cayennepfeffer
Außerdem:
Weizenmehl zum Ausrollen
etwas Öl für 6 Tarteletteformen (ca. 12 cm Ø)

1. Die Teigplatten abbürsten und auftauen lassen. Die Aprikosen mit einem Messer kreuzweise einritzen und so lange in kochend heißes Wasser tauchen, bis die Haut sich zu lösen beginnt. Die Früchte enthäuten.
2. Den Backofen auf 220°C vorheizen. Frischkäse, Sahne, Eier und Zitronenmelisse verquirlen. Das Ganze mit Salz, Pfeffer und Cayennepfeffer scharf abschmecken.
3. Eine Arbeitsfläche dünn mit Mehl bestäuben, die Teigplatten halbieren, je zwei Platten übereinanderlegen und zu einem Quadrat von etwa 14 cm ausrollen. Die Formen ausfetten und mit dem Teig auskleiden.
4. Die überstehenden Ränder abschneiden und anderweitig verwenden.
5. Die Aprikosen halbieren und je drei Hälften in die Formen legen. Die Käse-Sahne-Mischung darübergießen. Dabei dürfen die Formen nicht ganz gefüllt werden.
6. Die Tartelettes auf der zweiten Schiene etwa 25 Minuten backen.

Zubereitungszeit: ca. 45 Minuten
Backzeit: ca. 25 Minuten
Pro Portion ca. 438 kcal/1833 kJ, 10 g E, 29 g F, 34 g KH

Pfirsich-Käse-Tartelette

Statt der Aprikosen 4 reife feste Pfirsiche (ca. 500 g) mit einem Messer einritzen und so lange in kochend heißes Wasser tauchen, bis die Haut sich zu lösen beginnt. Die Früchte enthäuten, halbieren, entkernen, in Spalten schneiden und sternförmig in die Formen legen.

Ananas-Käse-Tartelette

Statt der Aprikosen 6 Scheiben ungezuckerte Ananas aus der Dose gut abtropfen lassen und in die Formen verteilen.

Mango-Käse-Tartelette

Statt der Aprikosen 1 reife feste Mango (ca. 360 g) schälen, das Fruchtfleisch vom Kern lösen, quer in Spalten schneiden und fächerartig in die Formen legen.

Birnen-Käse-Tartelette

Statt der Aprikosen 3 reife feste Birnen (ca. 450 g) schälen, halbieren und das Kerngehäuse herausschneiden. Die Birnenhälften in etwa 500 ml trockenem Rotwein bißfest dünsten. Sie dabei einige Male wenden. Die Birnen herausnehmen, abtropfen lassen und das dickere Ende der Länge nach mehrfach einschneiden. Das Ganze fächerartig auseinanderdrücken und die Birnen in die Formen legen.

Heidelbeeren-Käse-Tartelette

Statt der Aprikosen 300 g frische Heidelbeeren verlesen, in ein Sieb geben, kalt abbrausen, gut abtropfen lassen und in die Formen verteilen.

Trauben-Camembert-Tartelette

Für 6 Portionen:

Für den Blätterteig:
6 Scheiben Tk-Blätterteig (ca. 450 g)
Für den Belag:
ca. 300 g kernlose Trauben
100 g Camembert (50 % Fett i. Tr.)
150 g saure Sahne (10 % Fett)
2 kleine Eier
4 El fein gehackte Zitronenmelisse
etwas Jodsalz
etwas frisch gemahlener schwarzer Pfeffer
etwas scharfes Paprikapulver
3 El gehobelte Haselnüsse
Außerdem:
etwas Weizenmehl zum Ausrollen
etwas Öl für 6 Tarteletteformen (ca. 12 cm Ø)

1. Die Teigplatten abbürsten und auftauen lassen. In der Zwischenzeit die Trauben waschen, trockentupfen und von den Stielen zupfen. Den Käse in etwa 1 cm große Würfel schneiden.
2. Den Backofen auf 220°C vorheizen. Sahne, Eier und Zitronenmelisse verquirlen. Das Ganze mit Salz, Pfeffer und Paprikapulver scharf abschmecken.
3. Eine Arbeitsfläche dünn mit Mehl bestäuben, die Teigplatten halbieren, je zwei Platten übereinanderlegen und zu einem Quadrat von etwa 14 cm ausrollen. Die Formen ausfetten und mit dem Teig auskleiden.
4. Die überstehenden Ränder abschneiden und die Teigreste anderweitig verwenden.
5. Trauben und Käsewürfel in die Formen verteilen. Die Nüsse und die Sahnemischung darübergeben.
6. Die Tartelettes auf der zweiten Schiene von unten in den Ofen schieben und etwa 25 Minuten backen.

Zubereitungszeit: ca. 30 Minuten
Backzeit: ca. 25 Minuten
Pro Portion ca. 475 kcal/1987 kJ, 12 g E, 32 g F, 35 g KH

Pikante Törtchen mit Frischkäse

Für 8 Portionen:

Für den Vollkornmürbeteig:
Zutaten siehe Seite 13, halbe Menge nehmen
Für die Füllung:
75 g Frischkäse mit Meerrettich (Doppelrahmstufe)
1 großes Ei
50 g süße Sahne
2 El fein gehackter Dill
etwas Jodsalz
etwas frisch gemahlener schwarzer Pfeffer
80 g Räucherlachs, in Scheiben
Außerdem:
etwas Weizenmehl zum Ausrollen
Hülsenfrüchte und Butterbrotpapier zum Blindbacken

1. Den Vollkornmürbeteig zubereiten und kühl stellen (Beschreibung siehe Seite 13).
2. Den Backofen auf 180°C vorheizen. Eine Arbeitsfläche dünn mit Mehl bestäuben und den Mürbeteig darauf dünn ausrollen. Den Teig in 8 ausreichend große Stücke schneiden und 8 kleine Schiffchenförmchen damit auslegen.
3. Den Teigboden mit einer Gabel mehrmals einstechen, mit Butterbrotpapier belegen und die Hülsenfrüchte darauf verteilen. Die Schiffchen auf der mittleren Schiene in den Backofen schieben und etwa 10 Minuten blindbacken.
4. In der Zwischenzeit Frischkäse, Ei, Sahne und Dill verquirlen und die Masse mit etwas Salz und Pfeffer abschmecken.
5. Hülsenfrüchte und Butterbrotpapier entfernen. Die Frischkäsemasse in die Förmchen gießen. Die Förmchen auf der mittleren Schiene in den Backofen schieben und die Törtchen etwa 15 Minuten backen.
6. Die Törtchen aus den Förmchen nehmen und den Räucherlachs darauf legen.

Zubereitungszeit: ca. 40 Minuten
Zeit zum Kühlen: ca. 60 Minuten
Backzeit: ca. 25 Minuten
Pro Portion ca. 158 kcal/660 kJ, 6 g E, 11 g F, 9 g KH

Tip
Wenn man die Frischkäsetörtchen zum Aperitif reichen möchte, sollte man sie in Schiffchenförmchen backen.

Broccoli-Nuß-Quiche

Für 4 Portionen:

Für den Blätterteig:
4 Scheiben Tk-Blätterteig (ca. 300 g)
Für den Belag:
340 g Tk-Broccoliröschen ohne lange Stiele
etwas Jodsalz
280 g Sahnequark (40 % Fett i. Tr.)
4 El Vollmilch
2 kleine Eier
3 El Haselnuß-, Erdnuß- oder Mandelmus
etwas frisch gemahlener schwarzer Pfeffer
etwas edelsüßes Paprikapulver
2 El gehobelte Haselnüsse, gehackte Erdnüsse (ungesalzen) oder gehobelte Mandeln
Außerdem:
etwas Weizenmehl zum Ausrollen
etwas Sonnenblumenöl für 4 Formen (ca. 14 cm Ø)

1. Die Teigplatten abbürsten und auftauen lassen. In der Zwischenzeit den Broccoli in reichlich Salzwasser bißfest kochen. Anschließend abgießen und gut abtropfen lassen.
2. Quark, Milch, Eier und Nußmus verquirlen. Das Ganze mit Salz, Pfeffer, Paprikapulver abschmecken. Den Backofen auf 220°C vorheizen.
3. Eine Arbeitsfläche dünn mit Mehl bestäuben, die Teigplatten halbieren, je zwei Platten übereinanderlegen und zu einem Quadrat von etwa 17 cm ausrollen.
4. Die Formen ausfetten und mit dem Teig auskleiden. Die überstehenden Ränder abschneiden und die Teigreste anderweitig verwenden.
5. Die Broccoliröschen in die Formen geben. Die Quark-Nuß-Mischung darauf streichen. Die Quiches auf der zweiten Schiene von unten in den Ofen schieben und etwa 25 Minuten backen.
6. Inzwischen die gehobelten Nüsse in einer trockenen Pfanne kurz unter Rühren rösten. Die fertigen Quiches aus dem Ofen nehmen und die Haselnußblättchen darüberstreuen.

Zubereitungszeit: ca. 45 Minuten
Backzeit: ca. 25 Minuten
Pro Portion ca. 606 kcal/2537 kJ, 19 g E, 44 g F, 34 g KH

Champignon-Käse-Quiche

Für 4 Portionen:

Für den Blätterteig:
4 Scheiben Tk-Blätterteig (ca. 300 g)
Für den Belag:
320 g kl. frische braune Champignons
4 El Knoblauchöl (siehe Seite 21)
2 Knoblauchzehen, fein gehackt
200 g süße Sahne
2 kleine Eier
2 Tl fein gehackte Salbeiblätter
etwas Jodsalz
etwas frisch gemahlener schwarzer Pfeffer
etwas Cayennepfeffer
120 g Ziegencamembert (45 % Fett i. Tr.)
12 zarte junge Salbeiblätter

Außerdem:
etwas Weizenmehl zum Ausrollen
etwas Sonnenblumenöl für 4 Formen (ca. 14 cm Ø)

1. Die Teigplatten abbürsten und auftauen lassen.
2. In der Zwischenzeit die Pilze putzen, vierteln und in 1 El heißem Knoblauchöl unter Rühren etwa 5 Minuten scharf braten. Am Schluß den Knoblauch hinzugeben. Alles mischen und abkühlen lassen.
3. Sahne, Eier und Salbei verquirlen. Das Ganze mit Salz, Pfeffer und Cayennepfeffer abschmecken. Den Ziegenkäse in etwa 1 cm große Würfel schneiden.
4. Den Ofen auf 220°C vorheizen. Die Pilze abtropfen lassen, falls sie Saft gezogen haben. Danach etwas salzen und pfeffern und mit dem Käse mischen.
5. Eine Arbeitsfläche dünn mit Mehl bestäuben, die Teigplatten halbieren, je zwei Platten übereinanderlegen und zu einem Quadrat von etwa 17 cm ausrollen.
6. Die Formen ausfetten und mit dem Teig auskleiden. Die überstehenden Ränder abschneiden und die Teigreste anderweitig verwenden.
7. Die Champignon-Käse-Mischung in die Formen verteilen und den Sahneguß darübergeben. Die Quiches auf der zweiten Schiene von unten in den Ofen schieben und knapp 25 Minuten backen.
8. Kurz vor Ende der Backzeit die Salbeiblätter kalt abbrausen, gut trockentupfen und im restlichen Knoblauchöl knusprig ausbacken. Dann je 3 Blätter auf 1 fertige Quiche legen.

Zubereitungszeit: ca. 45 Minuten
Backzeit: ca. 25 Minuten
Pro Portion ca. 695 kcal/2910 kJ, 17 g E, 57 g F, 29 g KH

Quiche mit Garnelen

Für 6 Portionen:

Für den Mürbeteig:
Zutaten siehe Seite 13
Für den Belag:
3 frische Riesengarnelenschwänze (ca. 120 g)
etwas Jodsalz
etwas frisch gemahlener schwarzer Pfeffer
etwas Cayennepfeffer
150 g süße Sahne
1 Ei
1 Eigelb
1 Prise gemahlener Safran
4 Tl Thymianblättchen
Außerdem:
etwas Weizenmehl zum Ausrollen und für die Garnelen
Hülsenfrüchte und Butterbrotpapier zum Blindbacken

1. Den Mürbeteig zubereiten und kühl stellen (Beschreibung siehe Seite 13).
2. Den Backofen auf 180°C vorheizen. Eine Arbeitsfläche dünn mit Mehl bestäuben. Den Mürbeteig zu einer Platte von etwa 30 cm Ø ausrollen, in 6 Stücke schneiden und 6 Tarteletteförmchen (ca. 10 cm Ø) damit auskleiden. Teigreste anderweitig verwenden.
3. Die Teigböden mit Butterbrotpapier belegen und mit Hülsenfrüchten beschweren. Die Förmchen auf ein Gitter setzen und auf der mittleren Schiene etwa 10 Minuten blindbacken.
4. In der Zwischenzeit die Beine und Krusten der Garnelen entfernen. Die Garnelen waschen, trockentupfen und längs in zwei Hälften teilen. Dabei den dunklen Darm entfernen. Die Garnelenhälften salzen, pfeffern, mit wenig Cayennepfeffer würzen und in Mehl wenden.
5. Sahne, Ei und Eigelb verquirlen und die Masse mit Salz, Pfeffer, Safran und Thymian würzen.
6. Die Hülsenfrüchte und das Butterbrotpapier entfernen. Auf jeden Teigboden eine Garnelenhälfte legen und die Sahnemasse vorsichtig darübergeben.
7. Die Tartelettes auf der mittleren Schiene in den Ofen schieben und etwa 20 Minuten backen.

Zubereitungszeit: ca. 40 Minuten
Zeit zum Kühlen: ca. 60 Minuten
Backzeit: ca. 30 Minuten
Pro Portion ca. 746 kcal/3123 kJ, 29 g E, 53 g F, 39 g KH

Kabeljau-tartelettes

Für 6 Portionen:

Für den Mürbeteig:
Zutaten siehe Seite 12/13
Für den Belag:
140 g Kabeljaufilet
etwas Jodsalz
etwas frisch gemahlener schwarzer Pfeffer
etwas Cayennepfeffer
1 El Zitronensaft
1 El Weizenmehl
100 g süße Sahne
1 Ei, 1 Eigelb
2 El fein gehackter Estragon
1/2 Tl abgeriebene Schale von einer unbehandelten Zitrone
Außerdem:
Weizenmehl zum Ausrollen
Hülsenfrüchte und Butterbrotpapier zum Blindbacken

1. Den Mürbeteig zubereiten und kühl stellen (Beschreibung siehe Seite 12/13).
2. In der Zwischenzeit das Fischfilet kalt abspülen, trockentupfen und in etwa 1 cm große Würfel schneiden. Den Fisch mit Salz, Pfeffer und Cayennepfeffer würzen und im Zitronensaft wenden. Den Fisch im Kühlschrank bis zur weiteren Verwendung marinieren lassen.
3. Den Backofen auf 180°C vorheizen. Eine Arbeitsfläche dünn mit Mehl bestäuben und den Mürbeteig zu einer Platte von etwa 30 cm Ø ausrollen. Den Teig in 6 gleich große Stücke schneiden und 6 Tartelettefőrmchen (10 cm Ø) damit auskleiden.
4. Die Teigböden mit einer Gabel mehrmals einstechen, mit je einem Stück Butterbrotpapier belegen und mit den Hülsenfrüchten beschweren. Die Förmchen auf ein Gitter setzen, auf der mittleren Schiene in den Ofen schieben und etwa 10 Minuten blindbacken.
5. In der Zwischenzeit den Fisch aus dem Kühlschrank nehmen, abtropfen lassen und im Mehl wenden. Sahne, Ei, Eigelb und Estragon verquirlen und die Masse mit Salz, Pfeffer, Cayennepfeffer und Zitronenschale würzen.
6. Die Hülsenfrüchte und das Butterbrotpapier entfernen. Den Fisch auf den Teigböden verteilen und die Sahnemasse vorsichtig darübergießen.
7. Die Tartelettes auf der mittleren Schiene in den Backofen schieben und etwa 20 Minuten backen.

Zubereitungszeit: ca. 40 Minuten
Zeit zum Kühlen: ca. 60 Minuten
Backzeit: ca. 30 Minuten
Pro Portion ca. 353 kcal/1477 kJ, 11 g E, 23 g F, 27 g KH

PIZZA UND CALZONE

Ob mit Salami, Schinken, Pilzen oder Paprika – die Variationsmöglichkeiten von Pizzas und Calzoni sind schier grenzenlos und lassen keine Wünsche offen.

Knoblauch-pizza

Für 4 Portionen:

Für den Brotteig:
Zutaten siehe Seite 11
Für den Belag:
1 gr. Dose geschälte Tomaten (480 g EW)
12 bis 18 frische Knoblauchzehen
etwas Jodsalz
etwas grob gemahlener schwarzer Pfeffer
3 Tl gerebeltes Oregano
1 bis 2 Zweige Blattpetersilie
Außerdem:
etwas Olivenöl zum Beträufeln der Pizza und für das Backblech bzw. die Pizzaformen

1. Den Brotteig zubereiten und gehen lassen (Beschreibung siehe Seite 11).
2. Die Tomaten abtropfen lassen, dabei den Tomatensaft auffangen. Den Knoblauch schälen und in hauchdünne Scheiben schneiden.
3. Den Ofen auf 200°C vorheizen. Den Teig auf Backblechgröße oder zu 2 runden Fladen von etwa 28 cm Ø ausrollen. Backblech oder Pizzaformen ausfetten und den Teig darauf legen.
4. Den Teig mit etwas Tomatensaft bestreichen. Die Tomaten mit der Hand etwas zerdrücken, auf dem Teig verteilen und gut mit Salz, Pfeffer und Oregano würzen.
5. Die Petersilie waschen und die Blätter in feine Streifen schneiden. Die Knoblauchscheiben auf der Pizza verteilen und sie mit Öl beträufeln.
6. Die Pizza auf der zweiten Schiene von unten in den Ofen schieben und etwa 30 Minuten backen. Vor dem Servieren die Petersilie über die Pizza streuen.

Zubereitungszeit: ca. 40 Minuten
Zeit zum Gehen: ca. 90 Minuten
Backzeit: ca. 30 Minuten
Pro Portion ca. 453 kcal/1897 kJ, 14 g E, 12 g F, 72 g KH

Variation

Anstelle der Knoblauchzehen 12 Stangen jungen frischen Knoblauch mit Knoblauchgrün nehmen. Knoblauch und Knoblauchgrün in Ringe schneiden. Das Knoblauchgrün erst 10 Minuten vor dem Ende der Backzeit über die Pizza geben.

Tomaten-Oliven-Pizza

Für 4 Portionen:

Für den Brotteig:
Zutaten siehe Seite 11
Für den Belag:
2 Knoblauchzehen, durchgepreßt
2 Tl gerebeltes Oregano
1 kl. Dose Pizzatomaten (400 g)
etwas Jodsalz
etwas frisch gemahlener schwarzer Pfeffer
60 g grüne oder schwarze Oliven ohne Stein
Außerdem:
etwas Olivenöl für das Backblech bzw. die Pizzaformen

1. Den Brotteig zubereiten und gehen lassen (Beschreibung siehe Seite 11).
2. In der Zwischenzeit Knoblauch und Oregano unter die Tomaten rühren. Das Ganze mit Salz und Pfeffer abschmecken. Die Oliven in Ringe schneiden.
3. Den Ofen auf 200°C vorheizen. Den Teig auf Backblechgröße oder zu 2 runden Fladen von etwa 28 cm Ø ausrollen. Backblech oder Pizzaformen ausfetten und den Teig darauf legen.
4. Die Tomaten gleichmäßig auf dem Boden verstreichen. Dann die Olivenringe darauf verteilen.
5. Die Pizza auf der zweiten Schiene von unten in den Ofen schieben und etwa 30 Minuten backen.

Zubereitungszeit: ca. 30 Minuten
Zeit zum Gehen: ca. 90 Minuten
Backzeit: ca. 30 Minuten
Pro Portion ca. 458 kcal/1918 kJ, 13 g E, 14 g F, 68 g KH

Variation 1

1 Kugel Mozzarella (125 g) in etwa 1 cm große Würfel schneiden und 10 Minuten vor Ende der Backzeit auf der Pizza verteilen.

Variation 2

Etwa 100 g Schafkäse (in Lake eingelegt) grob zerbröseln und unter die Pizzatomaten mischen.

Variation 3

Etwa 150 g frisch geriebenen Pecorino 7 Minuten vor Ende der Backzeit auf der Pizza verteilen.

Zwiebelpizza

Für 4 Portionen:

Für den Brotteig:
Zutaten siehe Seite 11
Für den Belag:
650 g Gemüsezwiebeln
2 El Olivenöl
1 kl. Dose Pizzatomaten (400 g)
etwas Jodsalz
etwas frisch gemahlener schwarzer Pfeffer
2 Tl gerebeltes Oregano
1 dicke Scheibe roher Schinken (ca. 70 g)
100 g Greyezer
Außerdem:
etwas Olivenöl für das Backblech bzw. die Pizzaformen

1. Den Brotteig zubereiten und gehen lassen (Beschreibung siehe Seite 11).
2. In der Zwischenzeit die Zwiebeln schälen, in feine Ringe schneiden und in dem Öl glasig dünsten.
3. Den Ofen auf 200°C vorheizen. Die Tomaten mit Salz, Pfeffer und Oregano würzen. Den Schinken in sehr kleine Würfel schneiden und den Greyezer fein reiben.
4. Den Teig auf Backblechgröße oder zu 2 runden Fladen von etwa 28 cm Ø ausrollen. Backblech oder Pizzaformen ausfetten und den Teig darauf legen.
5. Die Tomaten auf dem Teig verstreichen und die Zwiebeln darauf legen. Die Schinkenwürfel darüberstreuen.
6. Die Pizza auf der untersten Schiene in den heißen Backofen schieben und etwa 30 Minuten backen. Nach der Hälfte der Backzeit den Käse darauf geben.

Zubereitungszeit: ca. 50 Minuten
Zeit zum Gehen: ca. 90 Minuten
Backzeit: ca. 30 Minuten
Pro Portion ca. 648 kcal/2712 kJ, 26 g E, 26 g F, 76 g KH

Gemüsepizza

Für 4 Portionen:

Für den Vollkornpizzateig:
Zutaten siehe Seite 12
Für den Belag:
300 g Möhren
300 g Bleichsellerie
1 mittelgroße rote Paprikaschote
1 Zucchino (ca. 250 g)
100 g frische Champignons
1 El Olivenöl
etwas Jodsalz
1 kl. Dose Pizzatomaten (400 g)
1 Prise frisch gemahlener schwarzer Pfeffer
1 Tl gerebeltes Oregano
1 Knoblauchzehe, durchgepreßt
2 El frische Thymianblättchen
2 Kugeln Mozzarella (250 g)
Außerdem:
etwas Olivenöl für das Backblech bzw. die Pizzaformen

1. Den Pizzateig zubereiten und gehen lassen (Beschreibung siehe Seite 12).
2. Inzwischen die Möhren putzen und in dünne Scheiben schneiden. Den Bleichsellerie putzen und längs in schmale Streifen schneiden. Die Paprikaschote putzen und klein würfeln.
3. Den Zucchino putzen und in 1 cm große Würfel schneiden. Die Champignons putzen, in Scheiben schneiden.
4. Zuerst die Möhren im Öl andünsten und nacheinander Bleichselleriestreifen, Paprikawürfel und Zucchiniwürfel dazugeben. Alles etwa 10 Minuten dünsten. Die Champignons dazugeben, kurz mitdünsten und alles salzen.
5. Den Ofen auf 200°C vorheizen. Den Teig auf Backblechgröße oder zu 2 runden Fladen von etwa 28 cm Ø ausrollen. Backblech oder Pizzaformen ausfetten und den Teig darauf legen.
6. Die Tomaten mit Salz, Pfeffer, Oregano und Knoblauch verrühren und das Ganze auf dem Teigboden verstreichen.
7. Das Gemüse darauf verteilen und den Thymian darüberstreuen. Mozzarella in Scheiben schneiden.
8. Die Pizza auf der zweiten Schiene von unten etwa 30 Minuten backen. Etwa 10 Minuten vor Ende der Backzeit den Käse auf der Pizza verteilen.

Zubereitungszeit: ca. 60 Minuten
Zeit zum Gehen: ca. 90 Minuten
Backzeit: ca. 30 Minuten
Pro Portion ca. 481 kcal /2013 kJ, 35 g E, 24 g F, 41 g KH

Pizza mit Zucchini

Für 4 Portionen:

Für den Pizzateig:
Zutaten siehe Seite 10/11
Für den Belag:
500 g mittelgroße Zucchini
1 Prise Jodsalz
etwas frisch gemahlener schwarzer Pfeffer
1 Tl gerebeltes Oregano
2 El Olivenöl
1 gr. Dose geschälte Tomaten (480 g EW)
2 Kugeln Mozzarella (250 g)
3 El frische Thymianblättchen
Außerdem:
etwas Olivenöl für das Backblech bzw. die Pizzaformen

1. Den Pizzateig zubereiten und gehen lassen (Beschreibung siehe Seite 10/11).

2. In der Zwischenzeit die Zucchini putzen und längs in etwa 3 mm dünne Scheiben schneiden.

3. Die Scheiben salzen, pfeffern und mit Oregano würzen, dann im heißen Öl von beiden Seiten so lange braten, bis sie fast gar sind. Sie dürfen dabei ruhig ein wenig braun werden.

4. Den Ofen auf 220°C (vorzugsweise Umluft) vorheizen. Die Tomaten abtropfen lassen, dabei den Tomatensaft auffangen. Den Mozzarella fein würfeln.

5. Den Teig auf Backblechgröße oder zu 2 runden Fladen von etwa 28 cm Ø ausrollen. Backblech oder Pizzaformen ausfetten und den Teig darauf legen.

6. Den Teig mit etwas Tomatensaft bestreichen. Die Tomaten mit den Händen etwas zerdrücken, auf dem Teig verteilen, salzen und pfeffern. Den Käse darüberstreuen und die Zucchini darauf anordnen.

7. Die Pizza auf der zweiten Schiene von unten in den Backofen schieben und etwa 30 Minuten backen. Kurz vor Ende der Backzeit den Thymian über die Pizza streuen.

Zubereitungszeit: ca. 60 Minuten
Zeit zum Gehen: ca. 90 Minuten
Backzeit: ca. 30 Minuten
Pro Portion ca. 676 kcal/2830 kJ, 27 g E, 29 g F, 74 g KH

Pizza mit Auberginen

Für 4 Portionen:

Für den Vollkornpizzateig:
Zutaten siehe Seite 12
Für den Belag:
2 Auberginen (ca. 500 g)
reichlich Salz
5 bis 6 El Olivenöl
etwas frisch gemahlener schwarzer Pfeffer
4 Tl gerebeltes Oregano
1 gr. Dose geschälte Tomaten (480 g EW)
2 Zweige frischer Rosmarin
300 g Schafkäse, in Lake eingelegt
4 Knoblauchzehen, durchgepreßt
Außerdem:
etwas Olivenöl für das Backblech bzw. die Pizzaformen

1. Den Vollkornteig zubereiten und gehen lassen (Beschreibung siehe Seite 12).
2. In der Zwischenzeit die Auberginen putzen und in 1/2 cm dicke Scheiben schneiden. Die Scheiben von beiden Seiten mit reichlich Salz bestreuen, abdecken und etwa 60 Minuten ziehen lassen.
3. Die Auberginenscheiben abwaschen und mit Küchenpapier trockentupfen. Öl erhitzen und die Auberginen bei mittlerer Hitzezufuhr von beiden Seiten braten, bis sie weich und braun geworden sind. Dabei pfeffern und mit 2 Tl Oregano bestreuen.
4. Den Ofen auf 200°C vorheizen. Die Tomaten abtropfen lassen, dabei den Saft auffangen. Den Rosmarin abbrausen, die Nadeln von den Stielen zupfen und kleinschneiden. Anschließend den Schafkäse in kleine Würfel schneiden.
5. Den Teig auf Backblechgröße oder zu 2 runden Fladen von etwa 28 cm Ø ausrollen. Backblech oder Pizzaformen ausfetten und den Teig darauf legen.
6. Den Teig mit etwas Tomatensaft bestreichen. Die Tomaten mit den Händen zerdrücken und auf dem Teig verteilen, anschließend salzen und pfeffern, mit Oregano bestreuen und den Knoblauch darübergeben.
7. Die Auberginen auf der Pizza verteilen und mit Rosmarin bestreuen. Zum Schluß den Schafkäse darübergeben.
8. Die Pizza auf der zweiten Schiene von unten in den Ofen schieben und etwa 30 Minuten backen.

Zubereitungszeit: ca. 60 Minuten
Zeit zum Gehen: ca. 90 Minuten
Zeit zum Durchziehen: ca. 60 Minuten
Backzeit: ca. 30 Minuten
Pro Portion ca. 719 kcal/3009 kJ, 27 g E, 39 g F, 64 g KH

Artischockenpizza

Für 4 Portionen:

Für den Pizzateig:
Zutaten siehe Seite 10/11
Für den Belag:
2 Knoblauchzehen, durchgepreßt
1 Tl gerebelter Majoran
1 kl. Dose Pizzatomaten (400 g)
etwas Jodsalz
etwas frisch gemahlener schwarzer Pfeffer
1 kl. Dose Artischocken (240 g EW)
1 dickere Scheibe Kochschinken (ca. 100 g)
2 Kugeln Mozzarella (250 g)
Außerdem:
etwas Olivenöl für das Backblech bzw. die Pizzaformen

1. Den Pizzateig zubereiten und gehen lassen (Beschreibung siehe Seite 10/11).
2. In der Zwischenzeit Knoblauch und Majoran unter die Tomaten rühren. Das Ganze mit Salz und Pfeffer abschmecken.
3. Den Ofen auf 200°C vorheizen. Die Artischocken abtropfen lassen und vierteln. Den Schinken in kleine Würfel schneiden.
4. Den Teig auf Backblechgröße oder zu 2 runden Fladen von etwa 28 cm Ø ausrollen. Backblech oder Pizzaformen ausfetten und den Teig darauf legen.
5. Die Tomaten gleichmäßig auf dem Boden verstreichen. Den Mozzarella in Scheiben schneiden. Artischocken und Schinkenwürfel auf der Pizza verteilen.
6. Die Pizza auf der zweiten Schiene von unten in den Ofen schieben und etwa 30 Minuten backen. Etwa 10 Minuten vor Ende der Backzeit den Käse auf der Pizza verteilen.

Zubereitungszeit: ca. 45 Minuten
Zeit zum Gehen: ca. 90 Minuten
Backzeit: ca. 30 Minuten
Pro Portion ca. 655 kcal/2746 kJ, 32 g E, 25 F, 75 g KH

Paprikapizza

Für 4 Portionen:

Für den Vollkornpizzateig:
Zutaten siehe Seite 12
Für den Belag:
2 Knoblauchzehen, durchgepreßt
1 Tl gerebeltes Oregano
1 kl. Dose Pizzatomaten (400 g)
etwas Jodsalz
etwas frisch gemahlener schwarzer Pfeffer
ca. 250 g abgetropfte Paprikaschoten, in Öl und Essig eingelegt (Antipasti-Konserve im Glas)
50 g grüne oder schwarze Oliven ohne Stein
2 Kugeln Mozzarella (250 g)
Außerdem:
etwas Olivenöl für das Backblech bzw. die Pizzaformen

1. Den Vollkornpizzateig zubereiten, gehen lassen. (Beschreibung siehe Seite 12)
2. Inzwischen Knoblauch und Oregano unter die Tomaten rühren. Das Ganze mit Salz und Pfeffer abschmecken.
3. Den Ofen auf 200°C vorheizen. Falls nötig, die Paprikastücke noch etwas kleiner schneiden. Die Oliven in Ringe schneiden.
4. Den Teig auf Backblechgröße oder zu 2 runden Fladen von etwa 28 cm Ø ausrollen. Backblech oder Pizzaformen ausfetten und den Teig darauf legen.
5. Die Tomaten gleichmäßig auf dem Boden verstreichen. Den Mozzarella in Scheiben schneiden. Paprikastücke und Olivenringe auf der Pizza verteilen.
6. Die Pizza auf der zweiten Schiene von unten in den Ofen schieben, etwa 30 Minuten backen. Etwa 10 Minuten vor Ende der Backzeit den Käse auf der Pizza verteilen.

Zubereitungszeit: ca. 45 Minuten
Zeit zum Gehen: ca. 90 Minuten
Backzeit: ca. 30 Minuten
Pro Portion ca. 468 kcal/1959 kJ, 22 g E, 25 g F, 38 g KH

Variation 1

Anstelle der in Öl und Essig eingelegten Paprikaschoten kann auch die gleiche Menge einer Sauerkonserve verwendet werden.

Variation 2

Statt eingelegter Paprikaschoten können auch frische genommen werden. Dazu etwa 400 g Paprikaschoten putzen und vierteln. Die Viertel quer in etwa 1 cm breite Streifen schneiden und in etwa 3 El Olivenöl bißfest dünsten. Etwa 1 El frisch gehacktes Oregano daruntermischen.

Pizza mit Radicchio

Für 4 Portionen:

Für den Pizzateig:
Zutaten siehe Seite 10/11
Für den Belag:
500 g frischer Radicchio
1 gr. Dose geschälte Tomaten (480 g EW)
2 Kugeln Mozzarella (250 g)
etwas Jodsalz
etwas frisch gemahlener schwarzer Pfeffer
2 Tl gerebeltes Oregano
2 El Olivenöl
Außerdem:
etwas Olivenöl für das Backblech bzw. die Pizzaformen

1. Den Pizzateig zubereiten und gehen lassen (Beschreibung siehe Seite 10/11).
2. Den Radicchio putzen, vierteln und in breite Streifen schneiden. Den Ofen auf 200°C vorheizen. Die Tomaten abtropfen lassen. Den Mozzarella in Scheiben schneiden.
3. Den Teig auf Backblechgröße oder zu 2 runden Fladen von etwa 28 cm Ø ausrollen. Backblech oder Pizzaformen ausfetten und den Teig darauf legen.
4. Den Teig mit Tomatensaft bestreichen. Tomaten mit den Händen zerdrücken und auf dem Teig verteilen, mit Salz, Pfeffer und Oregano bestreuen.
5. Die Radicchiostreifen auf den Tomaten verteilen, salzen und mit Öl beträufeln.
6. Die Pizza auf der zweiten Schiene von unten in den Ofen schieben und etwa 30 Minuten backen. Etwa 10 Minuten vor Ende der Backzeit den Käse auf der Pizza verteilen.

Zubereitungszeit: ca. 40 Minuten
Zeit zum Gehen: ca. 90 Minuten
Backzeit: ca. 30 Minuten
Pro Portion ca. 668 kcal/2798 kJ, 27 g E, 29 g F, 74 g KH

Pizza mit Pilzen

Für 4 Portionen:

Für den Pizzateig:
Zutaten siehe Seite 10/11
Für den Belag:
1 kl. Dose Pizzatomaten (400 g)
etwas Jodsalz
etwas frisch gemahlener schwarzer Pfeffer
2 Knoblauchzehen, durchgepreßt
1 kl. Dose Champignonköpfe (ca. 230 g EW)
2 El frisch gehackte Blattpetersilie
120 g geriebener junger Gouda
Außerdem:
etwas Olivenöl für das Backblech bzw. die Pizzaformen

1. Den Pizzateig zubereiten und gehen lassen (Beschreibung siehe Seite 10/11).
2. In der Zwischenzeit die Tomaten mit Salz und Pfeffer abschmecken und den Knoblauch darunterrühren.
3. Den Ofen auf 200°C vorheizen. Die Champignonköpfe abtropfen lassen und je nach Größe halbieren oder vierteln.
4. Den Teig auf Backblechgröße oder zu 2 runden Fladen von etwa 28 cm Ø ausrollen. Backblech oder Pizzaformen ausfetten und den Teig darauf legen.
5. Die Tomaten gleichmäßig auf dem Boden verstreichen. Die Pilze darauf verteilen.
6. Die Pizza auf der zweiten Schiene von unten in den Ofen schieben und etwa 30 Minuten backen. Etwa 7 Minuten vor Ende der Backzeit Petersilie und Käse auf der Pizza verteilen.

Zubereitungszeit: ca. 30 Minuten
Zeit zum Gehen: ca. 90 Minuten
Backzeit: ca. 30 Minuten
Pro Portion ca. 560 kcal/2346 kJ, 20 g E, 20 g F, 74 g KH

Pizza mit Austernpilzen

Für 4 Portionen:

Für den Brotteig:
Zutaten siehe Seite 11
Für den Belag:
450 g frische Austernpilze
4 El Knoblauchöl (siehe Seite 21)
1 gr. Dose geschälte Tomaten (480 g EW)
2 Kugeln Mozzarella (250 g)
etwas Jodsalz
etwas frisch gemahlener schwarzer Pfeffer
4 fein gehackte Knoblauchzehen
2 El frisch gehackter Thymian
Außerdem:
etwas Olivenöl für das Backblech bzw. die Pizzaformen

1. Den Brotteig zubereiten und gehen lassen (Beschreibung siehe Seite 11).
2. In der Zwischenzeit die Austernpilze putzen, in knapp 1 cm dicke Streifen schneiden und im Öl gut 5 Minuten lang bei großer Hitze scharf anbraten. Falls die Pilze Wasser gezogen haben, in ein Sieb geben und abtropfen lassen.
3. Den Ofen auf 200°C vorheizen. Die Tomaten gut abtropfen lassen. Den Mozzarella in Scheiben schneiden.
4. Den Teig auf Backblechgröße oder zu 2 runden Fladen von etwa 28 cm Ø ausrollen. Backblech oder Pizzaformen ausfetten und den Teig darauf legen.
5. Die Tomaten mit den Händen zerdrücken und gleichmäßig auf dem Boden verteilen. Das Ganze kräftig salzen und pfeffern. Knoblauch und Thymian darüberstreuen. Die Pilze darauf geben, salzen und pfeffern.
6. Die Pizza auf der zweiten Schiene von unten in den Ofen schieben und etwa 30 Minuten backen. Etwa 10 Minuten vor Ende der Backzeit den Käse auf der Pizza verteilen.

Zubereitungszeit: ca. 50 Minuten
Zeit zum Gehen: ca. 90 Minuten
Backzeit: ca. 30 Minuten
Pro Portion ca. 720 kcal/3010 kJ, 31 g E, 34 g F, 71 g KH

Pizza mit Champignons

Für 4 Portionen:

Für den Pizzateig:
Zutaten siehe Seite 10/11
Für den Belag:
500 g frische weiße oder braune Champignons
1 kl. Zwiebel, klein gewürfelt
4 El Knoblauchöl (siehe Seite 21)
1 gr. Dose geschälte Tomaten (480 g EW)
2 Kugeln Mozzarella (250 g)
etwas Jodsalz
etwas frisch gemahlener schwarzer Pfeffer
2 El gehackte Blattpetersilie
Außerdem:
etwas Olivenöl für das Backblech bzw. die Pizzaformen

1. Den Pizzateig zubereiten und gehen lassen (Beschreibung siehe Seite 10/11).
2. Inzwischen die Champignons putzen, in gut 1/2 cm dicke Scheiben schneiden und zusammen mit der Zwiebel im Öl etwa 5 Minuten lang bei großer Hitze scharf anbraten. Das Ganze in einem Sieb abtropfen lassen.
3. Den Ofen auf 200°C vorheizen. Die Tomaten gut abtropfen lassen. Den Mozzarella in etwa 1 cm große Würfel schneiden.
4. Den Teig auf Backblechgröße oder zu 2 runden Fladen von etwa 28 cm Ø ausrollen. Backblech oder Pizzaformen ausfetten und den Teig darauf legen.
5. Die Tomaten mit den Händen zerdrücken und gleichmäßig auf dem Boden verteilen. Das Ganze kräftig salzen und pfeffern. Die Petersilie darüberstreuen. Die Pilze darauf geben, salzen und pfeffern.
6. Die Pizza auf der zweiten Schiene von unten in den Ofen schieben und etwa 30 Minuten backen. Etwa 10 Minuten vor Ende der Backzeit den Käse auf der Pizza verteilen.

Zubereitungszeit: ca. 50 Minuten
Zeit zum Gehen: ca. 90 Minuten
Backzeit: ca. 30 Minuten
Pro Portion ca. 722 kcal/3020 kJ, 29 g E, 34 g F, 74 g KH

Tip
Es empfiehlt sich, Pilze mit einem besonders kurzen Stiel auszuwählen. Sie fallen dann weniger auseinander.

Tomatenpizza

Für 4 Portionen:

Für den Brotteig:
Zutaten siehe Seite 11
Für den Belag:
10 El passierte Tomaten (ca. 170 g)
etwas Jodsalz
etwas frisch gemahlener schwarzer Pfeffer
500 g frische vollreife Tomaten
16 frische Basilikumblätter
2 Kugeln Mozzarella (250 g)
4 El Pesto (italienische Basilikumsauce)
Außerdem:
etwas Olivenöl für das Backblech bzw. die Pizzaformen

1. Den Brotteig zubereiten und gehen lassen (Beschreibung siehe Seite 11).
2. Inzwischen die passierten Tomaten mit Salz und Pfeffer abschmecken. Frische Tomaten waschen, Stielansatz herausschneiden und die Tomaten in etwa 1/2 cm dicke Scheiben schneiden.
3. Die Basilikumblätter kalt abbrausen und trockentupfen. Den Mozzarella in Scheiben schneiden. Den Ofen auf 200°C vorheizen.
4. Den Teig auf Backblechgröße oder zu 2 runden Fladen von etwa 28 cm Ø ausrollen. Backblech oder Pizzaformen ausfetten und den Teig darauf legen.
5. Die passierten Tomaten gleichmäßig auf dem Boden verstreichen. Das Pesto in kleinen Portionen darauf geben. Die Tomatenscheiben auf der Pizza verteilen.
6. Die Pizza auf der zweiten Schiene von unten in den Ofen schieben und etwa 30 Minuten backen. Etwa 10 Minuten vor Ende der Backzeit das Basilikum auf den Tomatenscheiben verteilen und den Käse darüber legen.

Zubereitungszeit: ca. 45 Minuten
Zeit zum Gehen: ca. 90 Minuten
Backzeit: ca. 30 Minuten
Pro Portion ca. 704 kcal/2949 kJ, 31 g E, 30 g F, 76 g KH

Variation 1

Statt Basilikum können auch frische Thymian-, Oregano- oder Majoranblättchen genommen werden. Es werden etwa je 2 El benötigt.

Variation 2

Anstelle des Basilikums 6 frische Knoblauchzehen schälen, fein hacken und etwa die Hälfte unter die passierten Tomaten mischen. Den Rest etwa 10 Minuten vor Ende der Backzeit auf die Tomatenscheiben streichen. Dann den Mozzarella darauf geben.

Pizza mit Schafkäse

Für 4 Portionen:

Für den Brotteig:
Zutaten siehe Seite 11
Für den Belag:
1 gr. Dose geschälte Tomaten (480 g EW)
etwas Jodsalz
etwas grob gemahlener schwarzer Pfeffer
6 fein gehackte Knoblauchzehen
1 El fein gehackter frischer Rosmarin
120 g schwarze Oliven ohne Stein, mit Knoblauch eingelegt
200 g Schafkäse, in Lake eingelegt
Außerdem:
etwas Olivenöl für das Backblech bzw. die Pizzaformen

1. Den Brotteig zubereiten und gehen lassen (Beschreibung siehe Seite 11).
2. In der Zwischenzeit die geschälten Tomaten in einem Sieb abtropfen lassen, mit den Händen zerdrücken, mit Salz und Pfeffer abschmecken, Knoblauch und Rosmarin darunterrühren.
3. Den Ofen auf 200°C vorheizen. Die Oliven längs halbieren. Den Schafkäse in etwa 1 1/2 cm große Würfel schneiden.
4. Den Teig auf Backblechgröße oder zu 2 runden Fladen von etwa 28 cm Ø ausrollen. Backblech oder Pizzaformen ausfetten und den Teig darauf legen.
5. Die Tomaten gleichmäßig auf dem Boden verstreichen. Die Olivenhälften darauf verteilen.
6. Die Pizza auf der zweiten Schiene von unten in den Ofen schieben und etwa 30 Minuten backen. Nach der Hälfte der Backzeit den Käse auf der Pizza verteilen.

Zubereitungszeit: ca. 40 Minuten
Zeit zum Gehen: ca. 90 Minuten
Backzeit: ca. 30 Minuten
Pro Portion ca. 694 kcal/2907 kJ, 23 g E, 34 g F, 72 g KH

Pizza mit vier Käsesorten

Für 4 Portionen

Für den Pizzateig:
Zutaten siehe Seite 10/11
Für den Belag:
1 kl. Dose Pizzatomaten (400 g)
etwas Jodsalz
etwas frisch gemahlener schwarzer Pfeffer
2 Tl gerebeltes Oregano
100 g Taleggio (italienischer halbfester Schnittkäse)
100 g Provolone
80 g geriebener Parmesan
80 g geriebener Pecorino
1 Bund frisches Basilikum, Blätter in feine Streifen geschnitten
Außerdem:
etwas Olivenöl für das Backblech bzw. die Pizzaformen

1. Den Pizzateig zubereiten und gehen lassen (Beschreibung siehe Seite 10/11).
2. Den Ofen auf 200°C vorheizen. In der Zwischenzeit die Tomaten mit Salz, Pfeffer und Oregano abschmecken. Den Taleggio und den Provolone in dünne Scheiben schneiden.
3. Den Teig zu 2 runden Fladen von etwa 28 cm Ø ausrollen. Backblech oder Pizzaformen ausfetten und den Teig darauf legen.
4. Die Tomaten auf dem Teig verteilen. Je ein Viertel der Pizza mit dem Taleggio und dem Provolone belegen.
5. Die Pizza auf der zweiten Schiene von unten in den Ofen schieben und etwa 30 Minuten backen.
6. Etwa 15 Minuten vor Ende der Backzeit die beiden restlichen Viertel der Pizza mit Parmesan und Pecorino bestreuen und die Pizza fertigbacken. Das Basilikum darüber geben.

Zubereitungszeit: ca. 30 Minuten
Zeit zum Gehen: ca. 90 Minuten
Backzeit: ca. 30 Minuten
Pro Portion ca. 748 kcal/3131 kJ, 34 g E, 34 g F, 75 g KH

Gorgonzolapizza

Für 4 Portionen:

Für den Pizzateig:
Zutaten siehe Seite 10/11
Für den Belag:
4 frische reife Tomaten
1/2 rote Paprikaschote
1 kl. Dose Pizzatomaten (400 g)
etwas Jodsalz
etwas frisch gemahlener schwarzer Pfeffer
1 Bund frisches Basilikum
300 g nicht zu weicher Gorgonzola
2 El Tomatenmark
Außerdem:
etwas Olivenöl für das Backblech bzw. die Pizzaformen

1. Den Pizzateig zubereiten und gehen lassen (Beschreibung siehe Seite 10/11).
2. In der Zwischenzeit die Tomaten waschen, die Stielansätze herausschneiden und die Tomaten in 1/2 cm dicke Scheiben schneiden. Die Paprikaschote putzen und in 1/2 cm große Würfel schneiden.
3. Den Ofen auf 200°C vorheizen. Die Pizzatomaten salzen und pfeffern. Das Basilikum waschen, die Blätter in Stücke zupfen. Den Gorgonzola in Würfel schneiden.
4. Den Teig auf Backblechgröße oder zu 2 runden Fladen von etwa 28 cm Ø ausrollen. Backblech oder Pizzaformen ausfetten und den Teig darauf legen.
5. Das Tomatenmark gleichmäßig auf dem Teigboden verstreichen, Pizzatomaten darübergeben. Basilikum, Tomatenscheiben und Paprikawürfel darauf verteilen.
6. Die Pizza auf der zweiten Schiene von unten in den Ofen schieben und etwa 30 Minuten backen. Etwa 10 Minuten vor Ende der Backzeit den Käse auf der Pizza verteilen.

Zubereitungszeit: ca. 30 Minuten
Zeit zum Gehen: ca. 90 Minuten
Backzeit: ca. 30 Minuten
Pro Portion ca. 729 kcal/3054 kJ, 27 g E, 35 g F, 76 g KH

Variation 1

Zum Gorgonzola passen sehr gut Pinienkerne. Dazu 2 El Pinienkerne in einer trockenen Pfanne rösten und 5 Minuten vor Ende der Backzeit über die Pizza streuen.

Variation 2

Etwa 150 g frisches Lachsfilet ohne Haut mit kaltem Wasser abspülen, trockentupfen, in dünne Streifen schneiden und auf die Tomaten legen.

Pizza mit Parmaschinken

Für 4 Portionen:

Für den Pizzateig:
Zutaten siehe Seite 10/11
Für den Belag:
1 gr. Dose geschälte Tomaten (480 g EW)
2 Bund frisches Basilikum
400 g frische vollreife Tomaten
2 Kugeln Mozzarella (250 g)
etwas Jodsalz
etwas frisch gemahlener schwarzer Pfeffer
100 g Parmaschinken, in hauchdünnen Scheiben
Außerdem:
etwas Olivenöl für das Backblech bzw. die Pizzaformen

1. Den Pizzateig zubereiten und gehen lassen (Beschreibung siehe Seite 10/11).
2. Die geschälten Tomaten in einem Sieb abtropfen lassen. Das Basilikum waschen, die Blätter erst von den Stielen und dann ein wenig kleinzupfen.
3. Den Ofen auf 200° C vorheizen. Die frischen Tomaten waschen, die Stielansätze herausschneiden und die Tomaten in Scheiben schneiden. Den Mozzarella würfeln.
4. Den Teig auf Backblechgröße oder zu 2 runden Fladen von etwa 28 cm Ø ausrollen. Backblech oder Pizzaformen ausfetten und den Teig darauf legen.
5. Die geschälten Tomaten mit den Händen etwas zerdrücken und gleichmäßig auf dem Teigboden verteilen, anschließend salzen und pfeffern. Das Basilikum darüberstreuen.
6. Die Pizza auf der zweiten Schiene von unten in den Ofen schieben und 30 Minuten backen. Etwa 10 Minuten vor Ende der Backzeit die Tomatenscheiben und den Käse darauf verteilen.
7. Die Pizza aus dem Ofen nehmen, die Schinkenscheiben darauf legen und die Pizza sofort servieren.

Zubereitungszeit: ca. 40 Minuten
Zeit zum Gehen: ca. 90 Minuten
Backzeit: ca. 30 Minuten
Pro Portion ca. 672 kcal/2814 kJ, 33 g E, 25 g F, 77 g KH

Tip
Bei dieser Pizza kommt es darauf an, daß der verwendete Schinken von guter Qualität und nicht zu scharf ist. Er muß hauchdünn geschnitten sein, sonst dominiert er geschmacklich zu stark. Anstelle des Parmaschinkens kann man einen anderen guten luftgetrockneten Schinken nehmen.

Variation 1

Etwa 5 g getrocknete Steinpilze 15 Minuten in lauwarmem Wasser einweichen, anschließend gut abtropfen lassen, etwas klein schneiden und zusammen in 1 El Zwiebelwürfeln in wenig Olivenöl dünsten. Die Pizzatomaten dazugeben und alles etwa 10 Minuten köcheln lassen. Dann die Sauce auf den Teigboden streichen. Mozzarella weglassen und statt dessen die Pizza nach dem Backen mit gehobeltem Parmesan bestreuen.

Variation 2

Statt mit Schinken kann die Pizza auch mit dünn geschnittener italienischer Mortadella oder mit einer italienischen Salami belegt werden.

Variation 3

Wer mag, kann den Mozzarella weglassen und die Pizza so backen. Anschließend wird sie dann mit dünnen Schinkenscheiben belegt und mit hauchdünn gehobeltem Parmesan bestreut.

Variation 4

Anstelle der frischen Tomaten kann man auch 100 g gewaschene und geputzte Raukeblätter (oder auch beides) auf die Pizza legen.

Schinkenpizza

Für 4 Portionen:

Für den Pizzateig:
Zutaten siehe Seite 10/11
Für den Belag:
2 Knoblauchzehen, durchgepreßt
1 1/2 Tl gerebeltes Oregano
1 kl. Dose Pizzatomaten (400 g)
etwas Jodsalz
etwas frisch gemahlener schwarzer Pfeffer
180 g Kochschinken, in Scheiben
4 abgetropfte Ananasscheiben aus der Dose, ungezuckert
2 Kugeln Mozzarella (250 g)
Außerdem:
etwas Olivenöl für das Backblech bzw. die Pizzaformen

1. Den Pizzateig zubereiten und gehen lassen (Beschreibung siehe Seite 10/11).
2. In der Zwischenzeit Knoblauch und Oregano unter die Tomaten rühren. Das Ganze mit Salz und Pfeffer abschmecken.
3. Den Ofen auf 200°C vorheizen. Den Schinken in etwa 3 cm breite Streifen schneiden. Die Ananas in Stücke schneiden.
4. Den Teig auf Backblechgröße oder zu 2 runden Fladen von etwa 28 cm Ø ausrollen. Backblech oder Pizzaformen ausfetten und den Teig darauf legen.
5. Die Tomaten gleichmäßig auf dem Boden verstreichen. Den Mozzarella in Scheiben schneiden. Schinkenstreifen und Ananasstücke auf der Pizza verteilen.
6. Die Pizza auf der zweiten Schiene von unten in den Ofen schieben und 30 Minuten backen. Etwa 10 Minuten vor Ende der Backzeit den Käse auf der Pizza verteilen.

Zubereitungszeit: ca. 45 Minuten
Zeit zum Gehen: ca. 90 Minuten
Backzeit: ca. 30 Minuten
Pro Portion ca. 713 kcal/2984 kJ, 35 g E, 26 g F, 83 g KH

Salamipizza

Für 4 Portionen:

Für den Brotteig:
Zutaten siehe Seite 11
Für den Belag:
2 Knoblauchzehen, durchgepreßt
1 Paket Tk-Italienische-Kräuter (25 g)
1 kl. Dose Pizzatomaten (400 g)
etwas edelsüßes Paprikapulver
etwas frisch gemahlener schwarzer Pfeffer
150 g Salami, in nicht zu dünnen Scheiben
30 g grüne Oliven ohne Stein
2 Kugeln Mozzarella (250 g)
9 milde oder scharfe Peperoni, eingelegt
Außerdem:
etwas Olivenöl für das Backblech bzw. die Pizzaformen

1. Den Brotteig zubereiten und gehen lassen (Beschreibung siehe Seite 11).
2. In der Zwischenzeit den Knoblauch und die Kräutermischung unter die Tomaten rühren. Das Ganze mit Paprikapulver und Pfeffer abschmecken.
3. Den Ofen auf 200°C vorheizen. Die Salami in etwa 2 cm breite Streifen schneiden. Die Oliven in Ringe schneiden.
4. Den Teig auf Backblechgröße oder zu 2 runden Fladen von etwa 28 cm Ø ausrollen. Backblech oder Pizzaformen ausfetten und den Teig darauf legen.
5. Die Tomaten gleichmäßig auf dem Boden verstreichen. Den Mozzarella in Scheiben schneiden. Die Peperoni abtropfen lassen. Salamistreifen, Olivenringe und Peperoni auf der Pizza verteilen.
6. Die Pizza auf der zweiten Schiene von unten in den Ofen schieben und etwa 30 Minuten backen. Etwa 10 Minuten vor Ende der Backzeit den Käse auf der Pizza verteilen.

Zubereitungszeit: ca. 45 Minuten
Zeit zum Gehen: ca. 90 Minuten
Backzeit: ca. 30 Minuten
Pro Portion ca. 744 kcal/3114 kJ, 35 g E, 35 g F, 71 g KH

Pfefferpizza

Für 4 Portionen:

Für den Vollkornpizzateig:
Zutaten siehe Seite 12
Für den Belag:
1 kl. Dose Pizzatomaten (400 g)
etwas frisch gemahlener schwarzer Pfeffer
etwas edelsüßes Paprikapulver
16 grüne Oliven ohne Stein (ca. 45 g)
150 g Knoblauchwurst (Rohwurst)
3 Tl eingelegter grüner Pfeffer
150 g geriebener Emmentaler
Außerdem:
etwas Olivenöl für das Backblech bzw. die Pizzaformen

1. Den Vollkornpizzateig zubereiten und gehen lassen (Beschreibung siehe Seite 12).
2. In der Zwischenzeit die Tomaten mit Pfeffer und Paprikapulver nicht zu kräftig abschmecken. Die Oliven längs halbieren.
3. Die Rohwurst in etwa 16 Scheiben schneiden. Den Ofen auf 200°C vorheizen.
4. Den Teig auf Backblechgröße oder zu 2 runden Fladen von etwa 28 cm Ø ausrollen. Backblech oder Pizzaformen ausfetten und den Teig darauf legen.
5. Die Tomaten auf dem Boden verstreichen. Den grünen Pfeffer möglichst gleichmäßig darauf verteilen. Oliven und Wurstscheiben auf der Pizza verteilen.
6. Die Pizza auf der zweiten Schiene von unten in den Ofen schieben und etwa 30 Minuten backen. Etwa 7 Minuten vor Ende der Backzeit den Käse auf der Pizza verteilen.

Zubereitungszeit: ca. 45 Minuten
Zeit zum Gehen: ca. 90 Minuten
Backzeit: ca. 30 Minuten
Pro Portion ca. 542 kcal/2267 kJ, 24 g E, 34 g F, 35 g KH

Feurige Pizza

Für 4 Portionen:

Für den Pizzateig:
Zutaten siehe Seite 10/11
Für den Belag:
1 kl. Dose Pizzatomaten (400 g)
etwas frisch gemahlener schwarzer Pfeffer
etwas edelsüßes Paprikapulver
1 Paket Tk-Italienische-Kräuter (25 g)
16 schwarze Oliven ohne Stein, mit Knoblauch eingelegt
150 g Knoblauchwurst (Rohwurst)
9 bis 12 eingelegte scharfe Peperoni
150 g geriebener Pecorino
Außerdem:
etwas Olivenöl für das Backblech bzw. die Pizzaformen

1. Den Pizzateig zubereiten und gehen lassen (Beschreibung siehe Seite 10/11).
2. In der Zwischenzeit die Tomaten mit Pfeffer und Paprikapulver nicht zu kräftig abschmecken und die Kräutermischung darunterrühren. Die Oliven längs halbieren.
3. Die Knoblauchwurst in etwa 16 Scheiben schneiden. Den Ofen auf 200°C vorheizen.
4. Den Teig auf Backblechgröße oder zu 2 runden Fladen von etwa 28 cm Ø ausrollen. Backblech oder Pizzaformen ausfetten und den Teig darauf legen.
5. Die Tomaten gleichmäßig auf dem Boden verstreichen. Oliven, Wurstscheiben und Peperoni auf der Pizza verteilen.
6. Die Pizza auf der zweiten Schiene von unten in den Ofen schieben und etwa 30 Minuten backen. Etwa 7 Minuten vor Ende der Backzeit den Käse auf der Pizza verteilen.

Zubereitungszeit: ca. 45 Minuten
Zeit zum Gehen: ca. 90 Minuten
Backzeit: ca. 30 Minuten
Pro Portion ca. 750 kcal/3140 kJ, 24 g E, 38 g F, 76 g KH

Exotische Pizza

Für 4 Portionen:

Für den Pizzateig:
Zutaten siehe Seite 10/11
Für den Belag:
1 kl. Dose Pizzatomaten (400 g)
etwas Jodsalz
etwas frisch gemahlener schwarzer Pfeffer
1 Prise Cayennepfeffer
2 El Kokosflocken
4 abgetropfte Ananasscheiben aus der Dose, ungezuckert
1 große Kiwi (ca. 90 g)
1/2 reife Mango (ca. 170 g)
100 g Kochschinken, in Scheiben geschnitten
2 Kugeln Mozzarella (250 g)
Außerdem:
etwas Olivenöl für das Backblech bzw. die Pizzaformen

1. Den Pizzateig zubereiten und gehen lassen (Beschreibung siehe Seite 10/11).
2. In der Zwischenzeit die Tomaten mit Salz, Pfeffer und Cayennepfeffer abschmecken. Die Kokosflocken darunterrühren.
3. Die Ananas abtropfen lassen, trockentupfen und in Stücke schneiden. Die Kiwi schälen und in etwa 1 1/2 cm große Würfel schneiden. Die Mango schälen und mit einem Kugelausstecher Kugeln ausstechen.
4. Den Ofen auf 200°C vorheizen. Den Schinken in etwa 2 cm breite Streifen schneiden. Den Mozzarella in Scheiben schneiden.
5. Den Teig auf Backblechgröße oder zu 2 runden Fladen von etwa 28 cm Ø ausrollen. Backblech oder Pizzaformen ausfetten und den Teig darauf legen.
6. Die Tomaten gleichmäßig auf dem Boden verstreichen. Nacheinander Schinkenstreifen, Ananasstücke, Kiwiwürfel und Mangokugeln darauf verteilen.
7. Die Pizza auf der zweiten Schiene von unten in den Ofen schieben und etwa 30 Minuten backen. Etwa 10 Minuten vor Ende der Backzeit den Käse auf der Pizza verteilen.

Zubereitungszeit: ca. 50 Minuten
Zeit zum Gehen: ca. 90 Minuten
Backzeit: ca. 30 Minuten
Pro Portion ca. 744 kcal/3116 kJ, 32 g E, 28 g F, 89 g KH

Pizza mit allem

Für 4 Portionen:

Für den Pizzateig:
Zutaten siehe Seite 10/11
Für den Belag:
100 g Artischocken aus der Dose
60 g abgetropfte Paprikaschoten, in Öl und Essig eingelegt (Antipasti-Konserve im Glas)
120 g frische Champignons
1 dicke Scheibe Kochschinken (ca. 70 g)
1 kl. Dose Pizzatomaten (400 g)
etwas Jodsalz
etwas frisch gemahlener schwarzer Pfeffer
2 Tl gerebeltes Oregano
8 bis 10 Oliven, ohne Stein
2 Kugeln Mozzarella (250 g)
6 große eingelegte Peperoni
Außerdem:
etwas Olivenöl für das Backblech bzw. die Pizzaformen

1. Den Pizzateig zubereiten und gehen lassen (Beschreibung siehe Seite 10/11).
2. In der Zwischenzeit die Artischocken abtropfen lassen und vierteln. Die Paprikaschoten in feine Streifen schneiden. Die Champignons putzen und in dünne Scheiben schneiden. Den Kochschinken würfeln.
3. Den Ofen auf 200°C vorheizen. Die Tomaten mit Salz, Pfeffer und Oregano würzen. Die Oliven und den Mozzarella in Scheiben schneiden.
4. Den Teig auf Backblechgröße oder zu 2 runden Fladen von etwa 28 cm Ø ausrollen. Backblech oder Pizzaformen ausfetten und den Teig darauf legen.
5. Die Tomaten gleichmäßig auf dem Boden verstreichen. Zuerst die Champignons, dann Artischocken, Paprikastreifen, Schinken, Peperoni sowie Oliven auf den Tomaten verteilen.
6. Die Pizza auf der zweiten Schiene von unten in den Ofen schieben und etwa 30 Minuten backen. Etwa 10 Minuten vor Ende der Backzeit den Käse auf der Pizza verteilen.

Zubereitungszeit: ca. 40 Minuten
Zeit zum Gehen: ca. 90 Minuten
Backzeit: ca. 30 Minuten
Pro Portion ca. 683 kcal/2861 kJ, 31 g E, 29 g F, 75 g KH

Tip
Wer es nicht ganz so scharf mag, sollte die Peperoni längs halbieren und die Kerne mit einem Messer herauskratzen.

Sardellenpizza

Für 4 Portionen:

Für den Pizzateig:
Zutaten siehe Seite 10/11
Für den Belag:
1 kl. Dose Pizzatomaten (400 g)
etwas Jodsalz
etwas frisch gemahlener schwarzer Pfeffer
6 Knoblauchzehen, fein gehackt
2 Tl zerstoßener getrockneter Rosmarin
80 g schwarze Oliven ohne Stein, mit Knoblauch eingelegt
ca. 15 mit Kapern gefüllte Sardellenringe (ca. 60 g), aus dem Glas oder aus der Dose
1 1/2 El eingelegte Kapern
Außerdem:
etwas Olivenöl für das Backblech bzw. die Pizzaformen

1. Den Pizzateig zubereiten und gehen lassen (Beschreibung siehe Seite 10/11).
2. In der Zwischenzeit die Tomaten mit Salz und Pfeffer abschmecken. Knoblauch und Rosmarin daruntermischen. Die Oliven halbieren. Den Backofen auf 200°C vorheizen.
3. Den Teig auf Backblechgröße oder zu 2 runden Fladen von etwa 28 cm Ø ausrollen. Backblech oder Pizzaformen ausfetten und den Teig darauf legen.
4. Die Tomaten gleichmäßig auf dem Boden verstreichen. Sardellenringe, Olivenhälften und Kapern auf der Pizza verteilen.
5. Die Pizza auf der zweiten Schiene von unten in den Ofen schieben und etwa 30 Minuten backen.

Zubereitungszeit: ca. 30 Minuten
Zeit zum Gehen: ca. 90 Minuten
Backzeit: ca. 30 Minuten
Pro Portion ca. 560 kcal/2344 kJ, 15 g E, 20 g F, 78 g KH

Sardinenpizza

Für 4 Portionen:

Für den Pizzateig:
Zutaten siehe Seite 10/11
Für den Belag:
2 kl. Dosen Sardinen in Öl (ca. 190 g EW), ohne Kopf und ohne Gräten
1 gr. Dose geschälte Tomaten (480 g EW)
etwas Jodsalz
etwas frisch gemahlener schwarzer Pfeffer
6 kleingewürfelte Knoblauchzehen
1 El gerebeltes Oregano
60 g schwarze Oliven ohne Stein, mit Knoblauch eingelegt
150 g grob geriebener Pecorino
Außerdem:
etwas Olivenöl für das Backblech bzw. die Pizzaformen

1. Den Pizzateig zubereiten und gehen lassen (Beschreibung siehe Seite 10/11).
2. In der Zwischenzeit die Sardinen der Länge nach am Rücken entlang durchschneiden. Den Ofen auf 200°C vorheizen. Die Tomaten gut abtropfen lassen.
3. Den Teig auf Backblechgröße oder zu 2 runden Fladen von etwa 28 cm Ø ausrollen. Backblech oder Pizzaformen ausfetten und den Teig darauf legen.
4. Die Tomaten mit den Händen zerdrücken und gleichmäßig auf dem Boden verteilen. Das Ganze salzen und pfeffern.
5. Knoblauch und Oregano darüberstreuen. Sardinenhälften und Oliven darauf geben.
6. Die Pizza auf der zweiten Schiene von unten in den Ofen schieben und etwa 30 Minuten backen. Etwa 7 Minuten vor Ende der Backzeit den Käse auf der Pizza verteilen.

Zubereitungszeit: ca. 45 Minuten
Zeit zum Gehen: ca. 90 Minuten
Backzeit: ca. 30 Minuten
Pro Portion ca. 695 kcal/2906 kJ, 27 g E, 31 g F, 77 g KH

Tip
Sardinen in Öl gibt es in verschiedenen Geschmacksrichtungen. So kann man zum Beispiel zwischen Knoblauch, Chili, Curry oder Kräutern wählen.

Tintenfisch-pizza

Für 4 Portionen:

Für den Pizzateig:
Zutaten siehe Seite 10/11
Für den Belag:
400 g Tk-Tintenfischringe natur (Abtropfgewicht)
1 gr. Dose geschälte Tomaten (480 g EW)
50 g schwarze Oliven ohne Stein, mit Knoblauch eingelegt
3 El Knoblauchöl (siehe Seite 21)
4 frische Knoblauchzehen, fein gewürfelt
1 El frisch gehackter Majoran
etwas Jodsalz
etwas frisch gemahlener schwarzer Pfeffer
100 g frisch geriebener Parmesan
Außerdem:
etwas Olivenöl für das Backblech bzw. die Pizzaformen

1. Den Pizzateig zubereiten und gehen lassen (Beschreibung siehe Seite 10/11).
2. In der Zwischenzeit den Tintenfisch auftauen lassen. Die Tomaten gut abtropfen lassen. Dabei den Saft auffangen. Die Oliven in Ringe schneiden.
3. Die Tintenfischringe im Öl anbraten. Knoblauch dazugeben und kurz mitbraten. Etwa 10 El des abgetropften Tomatensafts dazugeben und das Ganze kurz schmoren lassen. Den Majoran darunterrühren.
4. Den Ofen auf 200°C vorheizen. Dann den Teig auf Backblechgröße oder zu 2 runden Fladen von etwa 28 cm Ø ausrollen. Backblech oder Pizzaformen ausfetten und den Teig darauf legen.
5. Die Tomaten mit den Händen zerdrücken und gleichmäßig auf dem Boden verteilen. Das Ganze kräftig salzen und pfeffern. Tintenfischmischung und Olivenringe darauf geben.
6. Die Pizza auf der zweiten Schiene von unten in den Ofen schieben und etwa 30 Minuten backen. Kurz vor Ende der Backzeit den Käse auf der Pizza verteilen.

Zubereitungszeit: ca. 50 Minuten
Zeit zum Gehen: ca. 90 Minuten
Backzeit: ca. 30 Minuten
Pro Portion ca. 773 kcal/3232 kJ, 36 g E, 35 g F, 78 g KH

Pizza mit Thunfisch

Für 4 Portionen:

Für den Pizzateig:
Zutaten siehe Seite 10/11
Für den Belag:
200 g Gemüsezwiebeln
1 kl. Dose Pizzatomaten (400 g)
etwas Jodsalz
etwas frisch gemahlener schwarzer Pfeffer
2 TL gerebeltes Oregano
2 Dosen Thunfisch naturell (300 g EW)
2 Kugeln Mozzarella (250 g)
Außerdem:
etwas Olivenöl zum Beträufeln und für das Backblech bzw. die Pizzaformen

1. Den Pizzateig zubereiten und gehen lassen (Beschreibung siehe Seite 10/11).
2. In der Zwischenzeit die Zwiebeln schälen und in feine Scheiben schneiden. Die Tomaten mit Salz, Pfeffer und Oregano abschmecken.
3. Den Ofen auf 200°C vorheizen. Den Thunfisch abtropfen lassen und in kleine Stücke zerpflücken. Mozzarella in Würfel schneiden.
4. Den Teig auf Backblechgröße oder zu 2 runden Fladen von etwa 28 cm Ø ausrollen. Backblech oder Pizzaformen ausfetten und den Teig darauf legen.
5. Die Tomaten auf dem Teig verteilen. Die Zwiebelringe und den Thunfisch darauf legen, alles mit etwas Öl beträufeln.
6. Die Pizza auf der zweiten Schiene von unten in den Ofen schieben und etwa 30 Minuten backen. Etwa 10 Minuten vor Ende der Backzeit den Käse auf die Pizza geben.

Zubereitungszeit: ca. 40 Minuten
Zeit zum Gehen: ca. 90 Minuten
Backzeit: ca. 30 Minuten
Pro Portion ca. 788 kcal/3296 kJ, 42 g E, 35 g F, 75 g KH

Variation 1

Die Pizzatomaten können zusätzlich noch mit 2 durchgepreßten Knoblauchzehen und 3 kleingewürfelten getrockneten Tomaten gewürzt werden.

Variation 2

Anstelle der Gemüsezwiebeln schmecken auch Frühlingszwiebeln (1 Bund) sehr gut. Diese in größere Stücke schneiden und vorher kurz in 1 El Olivenöl andünsten.

Variation 3

Nur die Hälfte des Thunfisches nehmen und 150 g gegarte Garnelen dazugeben.

Spinatpizza mit Lachs

Für 4 Portionen:

Für den Pizzateig:
Zutaten siehe Seite 10/11
Für den Belag:
700 g Tk-Blattspinat natur
1 kl. Zwiebel, fein gewürfelt
6 El Knoblauchöl
(siehe Seite 21)
200 g frisches Lachsfilet, ohne Haut
2 Kugeln Mozzarella (250 g)
etwas Jodsalz
etwas frisch gemahlener schwarzer Pfeffer
Außerdem:
etwas Olivenöl für das Backblech bzw. die Pizzaformen

1. Den Pizzateig zubereiten und gehen lassen (Beschreibung siehe Seite 10/11).
2. In der Zwischenzeit den Spinat auftauen lassen. Die Zwiebel in 2 El Öl glasig dünsten. In einem Topf mit Dämpfeinsatz etwas Wasser zum Kochen bringen. Den Spinat kurz dämpfen.
3. Den Lachs kalt abspülen, trockentupfen und in etwa 1 1/2 cm große Stücke schneiden. Den Mozzarella in etwa 1 cm große Würfel schneiden. Den Ofen auf 200°C vorheizen.
4. Den Teig auf Backblechgröße oder zu 2 runden Fladen von etwa 28 cm Ø ausrollen. Backblech oder Pizzaformen ausfetten und den Teig darauf legen.
5. Die Zwiebelwürfel gleichmäßig auf dem Boden verteilen. Den Spinat leicht ausdrücken, auseinanderzupfen und flach darauf streichen. Das Ganze mit dem restlichen Öl bepinseln.
6. Die Lachsstücke auf der Pizza verteilen und das Ganze kräftig salzen und pfeffern.
7. Die Pizza auf der zweiten Schiene von unten etwa 25 Minuten backen. Etwa 5 Minuten vor Ende der Backzeit, den Käse auf der Pizza verteilen.

Zubereitungszeit: ca. 50 Minuten
Zeit zum Gehen: ca. 90 Minuten
Backzeit: ca. 25 Minuten
Pro Portion ca. 830 kcal/3475 kJ, 39 g E, 43 g F, 72 g KH

Variation 1

Statt Tk-Spinat kann auch frischer verwendet werden. Etwa 1200 g frischen Spinat putzen, waschen und so lange dämpfen, bis er zusammengefallen ist. Ihn anschließend gut ausdrücken und auf der Pizza verteilen.

Variation 2

Anstelle von frischem Lachs Räucherlachs nehmen. Dazu etwa 125 g Räucherlachs in ganz dünnen Scheiben in größere Stücke zupfen. Diese erst 5 Minuten vor Ende der Backzeit zusammen mit dem Käse auf der Pizza verteilen. Sie schmeckt dann pikanter.

Variation 3

Statt frischem Lachs können auch gut 200 g gegarte Tiefseegarnelen genommen werden. Die Garnelen sollten mit reichlich Olivenöl beträufelt werden.

Variation 4

Zur Abwechslung kann die gleiche Menge Filet von Heilbutt, Seeteufel, Forelle oder Viktoriabarsch ausgewählt werden.

Variation 5

Statt Mozzarella etwa 150 g frisch geriebenen Pecorino oder Parmesan verwenden. Besonders kräftig schmeckt die Pizza, wenn etwa 120 g sahniger Edelpilzkäse (zum Beispiel ein Gorgonzola) gewählt werden. Mit dem Salzen des Spinats sollte man dann allerdings vorsichtig sein.

Garnelenpizza

Für 4 Portionen:

Für den Pizzateig:
Zutaten siehe Seite 10/11
Für den Belag:
1 gr. Dose geschälte Tomaten (480 g EW)
150 g frische oder Tk-Erbsen
etwas Jodsalz
etwas frisch gemahlener schwarzer Pfeffer
2 Tl gerebeltes Oregano
1 Knoblauchzehe, durchgepreßt
300 g gegarte Tiefseegarnelen (Shrimps)
2 El frische Thymianblättchen
1 El Olivenöl
2 Kugeln Mozzarella (250 g)
Außerdem:
etwas Olivenöl für das Backblech bzw. die Pizzaformen

1. Den Pizzateig zubereiten und gehen lassen (Beschreibung siehe Seite 10/11).
2. Inzwischen die Tomaten abtropfen lassen, den Saft dabei auffangen. Den Ofen auf 200°C vorheizen.
3. Die Erbsen in ganz wenig gesalzenem Wasser bißfest kochen (oder in der Mikrowelle bei 750 Watt 2 1/2 Minuten garen).
4. Den Teig auf Backblechgröße oder zu 2 runden Fladen von etwa 28 cm Ø ausrollen. Backblech oder Pizzaformen fetten und den Teig darauf legen.
5. Den Teig mit Tomatensaft bestreichen. Die Tomaten mit den Händen zerdrücken, auf dem Teig verteilen. Sie mit Salz, Pfeffer, Oregano und Knoblauch würzen.
6. Die Erbsen und die Garnelen auf der Pizza verteilen und den Thymian darüberstreuen. Alles mit etwas Öl beträufeln. Den Mozzarella in Scheiben schneiden.
7. Die Pizza auf der zweiten Schiene von unten in den Ofen schieben und etwa 30 Minuten backen. Etwa 10 Minuten vor Ende der Backzeit den Käse auf der Pizza verteilen.

Zubereitungszeit: ca. 50 Minuten
Zeit zum Gehen: ca. 90 Minuten
Backzeit: ca. 30 Minuten
Pro Portion ca. 769 kcal/3218 kJ, 41 g E, 32 g F, 78 g KH

Tip
Wenn man anstelle des Olivenöls zum Beträufeln der Garnelen Hummeröl nimmt, wird der Geschmack noch intensiver.

Pizza mit Meeresfrüchten

Für 4 Portionen:

Für den Pizzateig:
Zutaten siehe Seite 10/11
Für den Belag:
1 Paket Tk-Meeresfrüchte-Mischung (Frutti di Mare, ca. 250 g EW)
1 gr. und 1 kl. Dose geschälte Tomaten (480 g und 240 g EW)
1 Bund frischer Oregano
2 Kugeln Mozzarella (250 g)
etwas Jodsalz
etwas frisch gemahlener schwarzer Pfeffer
1 Knoblauchzehe, durchgepreßt
Außerdem:
etwas Olivenöl zum Beträufeln der Pizza und für das Backblech bzw. die Pizzaformen

1. Den Pizzateig zubereiten und gehen lassen (Beschreibung siehe Seite 10/11).
2. In der Zwischenzeit die Meeresfrüchte in einem Sieb auftauen lassen.
3. Den Ofen auf 200°C vorheizen. Die Tomaten abtropfen lassen. Den Oregano waschen und die Blättchen von den Stielen zupfen. Den Mozzarella in Würfel schneiden.
4. Den Teig auf Backblechgröße oder zu 2 runden Fladen von etwa 28 cm Ø ausrollen. Backblech oder Pizzaformen fetten und den Teig darauf legen.
5. Die Tomaten mit den Händen leicht zerdrücken und gleichmäßig auf dem Teig verteilen. Alles mit Salz, Pfeffer, Oregano und Knoblauch bestreuen.
6. Die Meeresfrüchte mit Küchenkrepp trockentupfen und auf den Tomaten verteilen. Alles nochmal salzen, pfeffern und mit etwas Öl beträufeln.
7. Die Pizza auf der zweiten Schiene von unten in den Ofen schieben und etwa 30 Minuten backen. Etwa 10 Minuten vor Ende der Backzeit den Käse auf der Pizza verteilen.

Zubereitungszeit: ca. 50 Minuten
Zeit zum Gehen: ca. 90 Minuten
Backzeit: ca. 30 Minuten
Pro Portion ca. 680 kcal/2846 kJ, 38 g E, 25 g F, 75 g KH

Variation

Wer sehr gerne Knoblauch mag, kann die Meeresfrüchte auch mit etwas Knoblauchöl beträufeln.

Pizza mit Muscheln

Für 4 Portionen:

Für den Pizzateig:
Zutaten siehe Seite 10/11
Für den Belag:
2 1/2 kg frische Miesmuscheln
etwas Jodsalz
etwas frisch gemahlener schwarzer Pfeffer
1 Glas trockener Weißwein
1 gr. Dose geschälte Tomaten (480 g EW)
1 Bund Blattpetersilie
2 Kugeln Mozzarella (250 g)
2 Tl gerebeltes Oregano
2 Knoblauchzehen, durchgepreßt
Außerdem:
etwas Olivenöl zum Beträufeln der Pizza und für das Backblech bzw. die Pizzaformen

1. Den Pizzateig zubereiten und gehen lassen (Beschreibung siehe Seite 10/11).
2. In der Zwischenzeit die Muscheln in leicht gesalzenes Wasser legen. Die Muscheln müssen geschlossen bleiben oder sich wieder schließen. Tun sie dies auch nicht, wenn man sie leicht mit dem Finger antippt, leben sie nicht mehr und müssen weggeworfen werden. Beschädigte Muscheln müssen ebenfalls weggeworfen werden. Die Bärte (Haftfäden) der Muscheln abzupfen.
3. Etwa 1/4 l Wasser und den Wein in einem großen, gut verschließbaren Topf erhitzen, Salz und Pfeffer dazugeben.
4. Die Muscheln in den Topf geben, diesen schließen und die Muscheln etwa 8 Minuten garen. Den Topf dabei ab und zu rütteln. Anschließend die Muscheln in ein Sieb geben und abtropfen lassen.
5. Den Ofen auf 200°C vorheizen. Die Tomaten abtropfen lassen. Die Petersilie waschen und grob hacken. Den Mozzarella in Scheiben schneiden.
6. Den Teig auf Backblechgröße oder zu 2 runden Fladen von etwa 28 cm Ø ausrollen. Backblech oder Pizzaformen fetten und den Teig darauf legen.
7. Die Tomaten gleichmäßig auf dem Teig verteilen, mit Salz, Pfeffer, Oregano und Knoblauch würzen. Die Pizza auf der zweiten Schiene von unten in den Ofen schieben und etwa 15 Minuten backen.
8. In der Zwischenzeit das Muschelfleisch aus den Schalen nehmen. Muscheln, die noch geschlossen sind, wegwerfen.
9. Das Muschelfleisch auf die Pizza geben und mit Öl beträufeln. Den Käse darauf verteilen und die Pizza weitere 15 Minuten backen.

Zubereitungszeit: ca. 60 Minuten
Zeit zum Gehen: ca. 90 Minuten
Backzeit: ca. 30 Minuten
Pro Portion ca. 725 kcal/3035 kJ, 36 g E, 28 g F, 78 g KH

Variation 1

Manchmal findet man auf Pizzas auch Muscheln mitsamt der Schale, meist als Dekoration. Wer dies gerne mag, kann einige gekochte Muscheln in der Schale auf die Pizza legen.

Variation 2

Muscheln sind nicht immer frisch erhältlich. Man kann ersatzweise auch Muscheln aus dem Glas/aus der Dose (ca. 400 g) nehmen. Diese sind jedoch geschmacklich nicht mit frischen Muscheln vergleichbar.

Variation 3

Typischer als Miesmuscheln sind Venusmuscheln (die sogenannten Vongole) für die Pizza, die bei uns aber nicht immer auf dem Markt sind.

Pizza Margherita

Für 4 Portionen:

Für den Pizzateig:
Zutaten siehe Seite 10/11
Für den Belag:
1 gr. Dose geschälte Tomaten (480 g EW)
2 Kugeln Mozzarella (250 g)
etwas Jodsalz
etwas frisch gemahlener schwarzer Pfeffer
3 El frisch geriebener Parmesan
16 große Basilikumblätter
3 El Olivenöl
Außerdem:
etwas Olivenöl für das Backblech bzw. die Pizzaformen

1. Den Pizzateig zubereiten und gehen lassen (Beschreibung siehe Seite 10/11).
2. In der Zwischenzeit die Tomaten gut abtropfen lassen und in etwa 1 1/2 cm breite Scheiben schneiden. Den Mozzarella ebenfalls in Scheiben schneiden. Den Ofen auf 200°C vorheizen.
3. Den Teig auf Backblechgröße oder zu 2 runden Fladen von etwa 28 cm Ø ausrollen. Backblech oder Pizzaformen fetten und den Teig darauf legen.
4. Etwa 6 El des abgetropften Tomatensafts gleichmäßig auf dem Boden verstreichen. Die Tomatenscheiben auf der Pizza verteilen. Etwas Salz und Pfeffer darüberstreuen. Dann den Parmesan gleichmäßig darübergeben.
5. Die Pizza auf der zweiten Schiene von unten in den Ofen schieben und etwa 15 Minuten backen. Inzwischen die Basilikumblätter gut abbrausen.
6. Die Pizza aus dem Ofen nehmen, die Basilikumblätter darauf verteilen und die Käsescheiben auf die Blätter legen. Das Öl darüberträufeln.
7. Die Pizza auf der zweiten Schiene von unten in den Ofen schieben und in etwa 15 Minuten fertigbacken.

Zubereitungszeit: ca. 45 Minuten
Zeit zum Gehen: ca. 90 Minuten
Backzeit: ca. 30 Minuten
Pro Portion ca. 718 kcal/3001 kJ, 28 g E, 34 g F, 74 g KH

Pizza Napoli

Für 4 Portionen:

Für den Pizzateig:
Zutaten siehe Seite 10/11
Für den Belag:
1 gr. Dose geschälte Tomaten (480 g EW)
2 Kugeln Mozzarella (250 g)
etwas Jodsalz
etwas frisch gemahlener schwarzer Pfeffer
2 Tl gerebeltes Oregano
12 abgetropfte Sardellenfilets, in Öl eingelegt
1 Bund frisches Basilikum, Blätter in feinen Streifen
120 g geriebener Parmesan
Außerdem:
etwas Olivenöl zum Beträufeln der Pizza und für das Backblech bzw. die Pizzaformen

1. Den Pizzateig zubereiten und gehen lassen (Beschreibung siehe Seite 10/11).
2. Die Tomaten abtropfen lassen, dabei den Saft auffangen. Die Tomaten in Scheiben schneiden.
3. Den Ofen auf 200°C vorheizen. Den Mozzarella in Scheiben schneiden.
4. Den Teig auf Backblechgröße oder zu 2 runden Fladen von etwa 28 cm Ø ausrollen. Backblech oder Pizzaformen fetten und den Teig darauf legen.
5. Den Teig mit Tomatensaft bestreichen, die Tomaten darauf verteilen, salzen, pfeffern und mit Oregano bestreuen. Die Sardellenfilets darauf verteilen.
6. Die Pizza auf der zweiten Schiene von unten in den Ofen schieben und etwa 30 Minuten backen. Etwa 10 Minuten vor Ende der Backzeit den Basilikum darüberstreuen, mit Öl beträufeln und den Käse auf der Pizza verteilen.

Zubereitungszeit: ca. 35 Minuten
Zeit zum Gehen: ca. 90 Minuten
Backzeit: ca. 30 Minuten
Pro Portion ca. 779 kcal/3261 kJ, 42 g E, 35 g F, 74 g KH

Pizza Capricciosa

Für 4 Portionen:

Für den Pizzateig:
Zutaten siehe Seite 10/11
Für den Belag:
1 kl. Dose Pizzatomaten (400 g)
etwas Jodsalz
etwas frisch gemahlener weißer Pfeffer
etwas edelsüßes Paprikapulver
1 Paket Tk-Italienische Kräuter (25 g)
160 g Artischocken aus der Dose
1/2 kl. Dose Champignonköpfe (ca. 120 g)
4 Scheiben Salami, nicht zu dünn geschnitten
2 Scheiben Kochschinken
4 vollreife Tomaten
2 Kugeln Mozzarella (250 g)
Außerdem:
etwas Olivenöl für das Backblech bzw. die Pizzaformen

1. Den Pizzateig zubereiten und gehen lassen (Beschreibung siehe Seite 10/11).
2. In der Zwischenzeit die Pizzatomaten mit Salz, Pfeffer und Paprikapulver kräftig abschmecken. Die Kräutermischung darunterrühren.
3. Die Artischocken abtropfen lassen und je nach Größe vierteln oder achteln. Die Champignons abtropfen lassen und halbieren. Dann die Salami und den Schinken in etwa 2 cm breite Streifen schneiden.
4. Den Ofen auf 200°C vorheizen. Die frischen Tomaten waschen, die Stielansätze herausschneiden und die Kerne herauslösen. Die Tomaten achteln. Den Mozzarella in etwa 1 cm große Würfel schneiden.
5. Den Teig auf Backblechgröße oder zu 2 runden Fladen von etwa 28 cm Ø ausrollen. Backblech oder Pizzaformen fetten und den Teig darauf legen.
6. Die Pizzatomaten gleichmäßig auf dem Boden verstreichen. Nacheinander Salami- und Schinkenstreifen, Champignons, Artischocken und Tomatenachtel darauf legen.
7. Die Pizza auf der zweiten Schiene von unten in den Ofen schieben und etwa 30 Minuten backen. Etwa 10 Minuten vor Ende der Backzeit den Käse auf der Pizza verteilen.

Zubereitungszeit: ca. 50 Minuten
Zeit zum Gehen: ca. 90 Minuten
Backzeit: ca. 30 Minuten
Pro Portion ca. 675 kcal/2830 kJ, 33 g E, 26 g F, 75 g KH

Pizza Vierjahreszeiten

Für 4 Portionen:

Für den Pizzateig:
Zutaten siehe Seite 10/11
Für den Belag:
1 kl. Dose Pizzatomaten (400 g)
etwas Jodsalz
etwas frisch gemahlener weißer Pfeffer
etwas edelsüßes Paprikapulver
2 Tl gerebelter Majoran
ca. 200 g Artischocken aus der Dose
1/2 kl. Dose Champignonköpfe (ca. 120 g)
2 Scheiben Kochschinken, nicht zu dünn geschnitten
ca. 150 g abgetropfte Paprikaschoten, in Öl und Essig eingelegt (Antipasti-Konserve im Glas)
2 Kugeln Mozzarella (250 g)
Außerdem:
etwas Olivenöl für die Pizzaformen

1. Den Pizzateig zubereiten und gehen lassen (Beschreibung siehe Seite 10/11).
2. In der Zwischenzeit die Pizzatomaten mit Salz, Pfeffer und Paprikapulver kräftig abschmecken. Den Majoran darunterrühren.
3. Die Artischocken abtropfen lassen und je nach Größe vierteln oder achteln. Die Champignons abtropfen lassen und halbieren. Den Schinken in etwa 2 cm breite Streifen schneiden.
4. Den Ofen auf 200°C vorheizen. Falls nötig, die Paprikastücke noch etwas kleiner schneiden. Den Mozzarella in etwa 1 cm große Würfel schneiden.
5. Den Teig zu 2 runden Fladen von etwa 28 cm Ø ausrollen. Die Pizzaformen ausfetten und mit dem Teig auskleiden.
6. Die Tomaten gleichmäßig auf beiden Böden verstreichen. Je ein Viertel der Pizzas mit der Hälfte der Artischocken, der Champignons, des Schinkens und der Paprikastreifen belegen.
7. Die Pizza auf der zweiten Schiene von unten in den Ofen schieben und etwa 30 Minuten backen. Etwa 10 Minuten vor Ende der Backzeit den Käse auf der Pizza verteilen.

Zubereitungszeit: ca. 50 Minuten
Zeit zum Gehen: ca. 90 Minuten
Backzeit: ca. 30 Minuten
Pro Portion ca. 681 kcal/2852 kJ, 32 g E, 27 g F, 75 g KH

Pizza Primavera

Für 4 Portionen:

Für den Pizzateig:
Zutaten siehe Seite 10/11
Für den Belag:
100 g Gemüsezwiebel
100 g abgetropfte Paprikaschoten, in Öl und Essig eingelegt (Antipasti-Konserve im Glas)
120 g Kochschinken, in Scheiben
1 kl. Dose Pizzatomaten (400 g)
etwas Jodsalz
etwas frisch gemahlener schwarzer Pfeffer
2 Tl gerebeltes Oregano
2 Kugeln Mozzarella (250 g)
150 g Salami, in Scheiben
Außerdem:
etwas Olivenöl für das Backblech bzw. die Pizzaformen

1. Den Pizzateig zubereiten und gehen lassen (Beschreibung siehe Seite 10/11).
2. In der Zwischenzeit die Zwiebel putzen und in sehr dünne Scheiben schneiden. Die Paprikaschoten in kleine Stücke schneiden. Den Schinken in etwa 2 cm breite Streifen schneiden.
3. Den Ofen auf 200°C vorheizen. Die Tomaten mit Salz, Pfeffer und Oregano würzen. Den Mozzarella in Scheiben schneiden.
4. Den Teig auf Backblechgröße oder zu 2 runden Fladen von etwa 28 cm Ø ausrollen. Backblech oder Pizzaformen fetten und den Teig darauf legen.
5. Die Tomaten gleichmäßig auf dem Teigboden verstreichen. Zwiebelstreifen, Paprikastücke, Salamischeiben und Schinken auf der Pizza verteilen.
6. Die Pizza auf der zweiten Schiene von unten in den Ofen schieben und etwa 30 Minuten backen. Etwa 10 Minuten vor Ende der Backzeit den Käse auf der Pizza verteilen.

Zubereitungszeit: ca. 30 Minuten
Zeit zum Gehen: ca. 90 Minuten
Backzeit: ca. 30 Minuten
Pro Portion ca. 770 kcal/3224 kJ, 39 g E, 35 g F, 74 g KH

Klassische Calzone

Für 4 Portionen:

Für den Pizzateig:
Zutaten siehe Seite 10/11
Für die Füllung:
2 Kugeln Mozzarella (250 g)
2 Scheiben Kochschinken
4 Scheiben Salami, nicht zu dünn geschnitten
1/2 kl. Dose Champignonköpfe (ca. 120 g)
360 g abgetropfte geschälte Tomaten (ca. 3/4 von einer Dose, 480 g EW)
etwas Jodsalz
etwas frisch gemahlener schwarzer Pfeffer
3 Tl gerebeltes Oregano
Außerdem:
Olivenöl für das Backblech und zum Bestreichen der Teigtaschen

1. Den Pizzateig zubereiten und gehen lassen (Beschreibung siehe Seite 10/11).
2. In der Zwischenzeit den Mozzarella in Scheiben schneiden. Schinken und Salami in etwa 2 cm breite Streifen schneiden. Dann die Champignons gut abtropfen lassen und eventuell halbieren. Den Ofen auf 200°C vorheizen.
3. Den Teig in 4 gleich große Stücke teilen und jedes zu einem runden Fladen von etwa 25 cm Ø ausrollen. Zwei Backbleche einfetten und je zwei Fladen darauf legen.
4. Die Tomaten mit den Händen zerdrücken und die Fladen je zur Hälfte damit belegen, einen Rand freilassen. Das Ganze leicht salzen und pfeffern und mit Oregano betreuen.
5. Je ein Viertel des Schinkens, der Salami und der Pilze darauf geben. Den Käse entsprechend verteilen.
6. Die andere Seite der Fladen über die Füllung klappen und die Teigränder mit einer Gabel fest zusammendrücken. Die Teigtaschen mit reichlich Öl bepinseln.
7. Zunächst ein Backblech auf der zweiten Schiene von unten in den Ofen schieben und die Calzoni etwa 30 Minuten backen. Dann die beiden anderen Calzoni backen.

Zubereitungszeit: ca. 45 Minuten
Zeit zum Gehen: ca. 90 Minuten
Backzeit: ca. 30 Minuten
Pro Portion ca. 659 kcal/2758 kJ, 32 g E, 26 g F, 73 g KH

Calzone mit Tomaten

Für 4 Portionen:

Für den Pizzateig:
Zutaten siehe Seite 10/11
Für die Füllung:
500 g reife feste Tomaten, möglichst Eier- oder Flaschentomaten
2 Kugeln Mozzarella (250 g)
24 frische Basilikumblätter
ca. 130 g passierte Tomaten
etwas Jodsalz
etwas frisch gemahlener schwarzer Pfeffer
4 Tl Pesto (italienische Basilikumsauce)
Außerdem:
Olivenöl für das Backblech und zum Bestreichen der Teigtaschen

1. Den Pizzateig zubereiten und gehen lassen (Beschreibung siehe Seite 10/11).

2. In der Zwischenzeit die Tomaten kreuzweise einritzen, so lange in kochend heißem Wasser brühen, bis die Haut sich zu lösen beginnt, kalt abbrausen, enthäuten und den Stielansatz herausschneiden. Die Tomaten je nach Größe vierteln oder achteln.

3. Den Ofen auf 200°C vorheizen. Den Mozzarella in Würfel schneiden. Die Basilikumblätter kalt abbrausen.

4. Den Teig in 4 gleich große Stücke teilen und jedes zu einem runden Fladen von etwa 25 cm Ø ausrollen. Zwei Backbleche einfetten und je zwei Fladen darauf legen.

5. Die Fladen je zur Hälfte mit den passierten Tomaten bestreichen, einen Rand freilassen. Je ein Viertel der frischen Tomaten darauf geben, salzen und kräftig pfeffern und das Pesto darüberträufeln. Die Basilikumblätter und den Käse entsprechend verteilen.

6. Die andere Seite der Fladen über die Füllung klappen und die Teigränder mit einer Gabel fest zusammendrücken. Die Teigtaschen mit reichlich Öl bepinseln.

7. Zunächst ein Backblech auf der zweiten Schiene von unten in den Ofen schieben und die Teigtaschen etwa 30 Minuten backen. Dann die beiden anderen Teigtaschen backen.

Zubereitungszeit: ca. 50 Minuten
Zeit zum Gehen: ca. 90 Minuten
Backzeit: ca. 30 Minuten
Pro Portion ca. 703 kcal/2944 kJ, 29 g E, 30 g F, 79 g KH

Calzone mit Sugo

Für 4 Portionen:

Für den Pizzateig:
Zutaten siehe Seite 10/11
Für die Füllung:
2 Möhren (ca. 200 g)
1 rote Paprikaschote
300 g Hackfleisch (halb und halb)
2 El Olivenöl
1 kl. Zwiebel, kleingewürfelt
1 Knoblauchzehe, durchgepreßt
1 kl. Dose Pizzatomaten (400 g)
1 El Tomatenmark
etwas Jodsalz
etwas frisch gemahlener schwarzer Pfeffer
2 Tl gerebeltes Oregano
2 Tl getrockneter Thymian
nach Belieben Cayennepfeffer
150 g grob geriebener Emmentaler
Außerdem:
Olivenöl zum Bestreichen der Teigtaschen und für das Backblech

1. Den Pizzateig zubereiten und gehen lassen (Beschreibung siehe Seite 10/11).
2. In der Zwischenzeit die Möhren und die Paprikaschote putzen und in kleine Würfel schneiden.
3. Das Hackfleisch im heißen Öl gut anbraten. Möhren, Paprika, Zwiebel und Knoblauch dazugeben und mitbraten. Dann Tomaten und Tomatenmark dazugeben und alles mit Salz, Pfeffer, Oregano, Thymian und eventuell etwas Cayennepfeffer kräftig würzen. Den Sugo etwa 45 Minuten bei mittlerer Hitzezufuhr köcheln lassen.
4. Den Ofen auf 200°C vorheizen. Den Teig in 4 gleich große Stücke teilen und jedes zu einem runden Fladen von etwa 25 cm Ø ausrollen. Zwei Backbleche ausfetten.
5. Falls der Sugo sehr viel Flüssigkeit gezogen hat, diesen einkochen lassen. Den Sugo auf einer Seite der Fladen verteilen, dabei einen Rand freilassen, und mit Käse bestreuen. Die andere Seite der Fladen über die Füllung klappen und die Ränder der Teigtaschen mit einer Gabel fest zusammendrücken. Die Taschen mit Öl bepinseln.
6. Zunächst ein Backblech auf der zweiten Schiene von unten in den Ofen schieben und die Calzoni etwa 30 Minuten backen. Dann die beiden anderen Calzoni backen.

Zubereitungszeit: ca. 75 Minuten
Zeit zum Gehen: ca. 90 Minuten
Backzeit: ca. 30 Minuten
Pro Portion ca. 823 kcal/3447 kJ, 37 g E, 41 g F, 77 g KH

Variation

Noch aromatischer wird der Sugo, wenn man anstelle des Tomatenmarks 4 bis 5 feingewürfelte, getrocknete Tomaten mitkocht.

Calzone mit Spinat

Für 4 Portionen:

Für den Pizzateig:
Zutaten siehe Seite 10/11
Für die Füllung:
1 kg frischer Spinat
1 kl. Zwiebel, fein gewürfelt
1 El Olivenöl
etwas Jodsalz
etwas frisch gemahlener schwarzer Pfeffer
1 Knoblauchzehe, durchgepreßt
400 g Ricotta (italienischer Frischkäse)
4 El frisch geriebener Parmesan
2 El Pinienkerne
Außerdem:
etwas Olivenöl für das Backblech bzw. zum Bestreichen der Teigtaschen

1. Den Pizzateig zubereiten und gehen lassen (Beschreibung siehe Seite 10/11).
2. In der Zwischenzeit den Spinat putzen und waschen. Die Zwiebel im heißen Öl andünsten. Die Spinatblätter tropfnaß in den Topf geben, den Topf verschließen und den Spinat erhitzen, bis die Blätter zusammengefallen sind.
3. Den Ofen auf 200°C vorheizen. Den Teig in 4 gleich große Stücke teilen und jedes Stück zu einem dünnen Fladen von etwa 25 cm Ø ausrollen. Zwei Backbleche einfetten.
4. Den Spinat ausdrücken, mit Salz, Pfeffer und Knoblauch würzen und auf einer Seite der Fladen verteilen, einen Rand freilassen. Den Ricotta auf den Spinat geben. Parmesan und Pinienkerne darüberstreuen.
5. Die andere Seite der Fladen über die Füllung klappen und die Teigränder mit einer Gabel fest zusammendrücken. Die Teigtaschen mit Öl bepinseln und auf die Backbleche legen.
6. Zunächst ein Backblech auf der zweiten Schiene von unten in den Ofen schieben und die Calzoni etwa 30 Minuten backen. Dann die beiden anderen Calzoni backen.

Zubereitungszeit: ca. 50 Minuten
Zeit zum Gehen: ca. 90 Minuten
Backzeit: ca. 30 Minuten
Pro Portion ca. 727 kcal/3042 kJ, 32 g E, 33 g F, 73 g KH

Calzone mit Mangold

Für 4 Portionen:

Für den Pizzateig:
Zutaten siehe Seite 10/11
Für die Füllung:
1 kg frischer Mangold
1 kl. Zwiebel, kleingewürfelt
1 El Olivenöl
etwas Jodsalz
1 kl. Dose Pizzatomaten (400 g)
etwas frisch gemahlener schwarzer Pfeffer
2 Tl gerebeltes Oregano
1 Kräuterrobiola (Kräuterfrischkäse in Lake, ca. 200 g)
Außerdem:
etwas Olivenöl für das Backblech bzw. zum Bestreichen der Teigtaschen

1. Den Pizzateig zubereiten und eine Zeitlang gehen lassen (Beschreibung siehe Seite 10/11).
2. In der Zwischenzeit den Mangold putzen, waschen. Die Stiele in feine Streifen schneiden, die Blätter in große Stücke reißen.
3. Die Zwiebel im heißen Öl andünsten. Die Mangoldstielstreifen dazugeben und unter Rühren mitdünsten. Die Blattstücke tropfnaß dazugeben, leicht salzen. Den Topf verschließen und den Mangold kurz erhitzen. Anschließend den Mangold in einem Sieb abtropfen lassen.
4. Den Ofen auf 200°C vorheizen. Die Tomaten mit Salz, Pfeffer und Oregano verrühren.
5. Dann den Teig in 4 gleich große Stücke teilen und jedes Stück zu einem runden Fladen von ca. 25 cm Ø ausrollen. Zwei Backbleche ausfetten.
6. Auf je einer Seite der Fladen die Tomaten verstreichen, dabei einen Rand freilassen. Den Mangold auf den Tomaten verteilen. Anschließend den Kräuterrobiola mit den Fingern zerpflücken und auf den Mangold geben.
7. Die andere Seite der Fladen über die Füllung klappen und die Teigränder mit einer Gabel fest zusammendrükken. Die Teigtaschen auf die Backbleche setzen und mit Öl bepinseln.
8. Zunächst ein Backblech auf der zweiten Schiene von unten in den Ofen schieben und die Calzoni etwa 30 Minuten backen. Dann die beiden anderen Calzoni backen.

Zubereitungszeit: ca. 50 Minuten
Zeit zum Gehen: ca. 90 Minuten
Backzeit: ca. 30 Minuten
Pro Portion ca. 608 kcal/2539 kJ, 21 g E, 21 g F, 80 g KH

Variation

Anstelle des Mangolds kann man auch die gleiche Menge frischen Spinats nehmen.

Calzone mit Tintenfisch

Für 4 Portionen:

Für den Pizzateig:
Zutaten siehe Seite 10/11
Für die Füllung:
300 g Tk-Tintenfischringe
1/2 frische Pfefferschote
1 Knoblauchzehe, fein gehackt
1 El Olivenöl
1/2l Bund Blattpetersilie, grob gehackt
etwas Jodsalz
etwas frisch gemahlener schwarzer Pfeffer
2 Kugeln Mozzarella (250 g)
1 kl. Dose Pizzatomaten (400 g)
2 Tl gerebeltes Oregano
Außerdem:
etwas Olivenöl für das Backblech bzw. zum Bepinseln der Calzoni

1. Den Pizzateig zubereiten und gehen lassen (Beschreibung siehe Seite 10/11).

2. In der Zwischenzeit die Tintenfischringe auftauen lassen. Die Kerne der Pfefferschote herauskratzen und die Schote in winzig kleine Würfel schneiden.

3. Knoblauch und Pfefferschote im heißen Öl anbraten. Die Tintenfischringe dazugeben und erwärmen.

4. Den Ofen auf 200°C vorheizen. Die Petersilie zu den Tintenfischen geben. Alles salzen und pfeffern. Dann den Mozzarella in Würfel schneiden.

5. Die Tomaten leicht abtropfen lassen und mit Salz, Pfeffer und Oregano würzen. Den Teig in 4 gleich große Stücke teilen und jedes zu einem runden Fladen von etwa 25 cm Ø ausrollen. Zwei Backbleche einfetten.

6. Die Pizzatomaten auf je eine Seite der Fladen streichen, den Rand freilassen. Die Tintenfische und den Käse auf die Tomaten geben. Die andere Hälfte der Fladen über die Füllung klappen und die Teigränder anschließend mit einer Gabel fest zusammendrücken.

7. Die Teigtaschen auf die Backbleche legen und mit Öl bestreichen. Zunächst ein Backblech auf der zweiten Schiene von unten in den Ofen schieben und die Calzoni etwa 30 Minuten backen. Dann die beiden anderen Calzoni backen.

Zubereitungszeit: ca. 60 Minuten
Zeit zum Gehen: ca. 90 Minuten
Backzeit: ca. 30 Minuten
Pro Portion ca. 696 kcal/2914 kJ, 38 g E, 27 g F, 75 g KH

Tip
Wer es weniger scharf liebt, sollte weniger Pfefferschote oder eventuell lieber etwas rote Paprikaschote nehmen.

Calzone mit Lachs

Für 4 Portionen:

Für den Pizzateig:
Zutaten siehe Seite 10/11
Für die Füllung:
100 g Gemüsezwiebel
150 g Zucchini
1 El Olivenöl
1 kl. Dose Pizzatomaten (400 g)
etwas Jodsalz
etwas frisch gemahlener schwarzer Pfeffer
2 Tl gerebeltes Oregano
300 g frisches Lachsfilet ohne Haut
2 Kugeln Mozzarella (250 g)
2 El eingelegte Kapern
Außerdem:
etwas Olivenöl für das Backblech und zum Bepinseln der Teigtaschen

1. Den Pizzateig zubereiten und gehen lassen (Beschreibung siehe Seite 10/11).
2. In der Zwischenzeit die Zwiebel putzen und in feine Scheiben schneiden. Die Zucchini schälen und sehr fein würfeln. Anschließend Zwiebeln und Zucchini im Öl glasig dünsten.
3. Den Backofen auf 200°C vorheizen. Von den Tomaten 2 bis 3 El Saft abnehmen. Die restlichen Tomaten mit Salz, Pfeffer und Oregano würzen. Den Lachs kalt abspülen, trockentupfen und in kleine Würfel schneiden. Den Mozzarella fein würfeln.
4. Den Teig in 4 gleich große Stücke teilen und jedes zu einem runden Fladen von etwa 25 cm Ø ausrollen. Auf die eine Seite der Fladen zuerst Tomaten, dann Zwiebeln und Zucchini geben, dabei einen Rand freilassen. Zum Schluß die Lachs- und die Mozzarellawürfel sowie die Kapern auf dem Gemüse verteilen. Alles nochmal salzen und pfeffern.
5. Die anderen Seiten der Fladen über die Füllung klappen und die Teigränder mit einer Gabel zusammendrücken. Die Teigtaschen mit Olivenöl bepinseln und auf zwei gefettete Backbleche setzen.
6. Zunächst ein Backblech auf der zweiten Schiene von unten in den Ofen schieben und die Calzoni etwa 30 Minuten backen. Nach der Hälfte der Backzeit mit dem Tomatensaft bepinseln. Die beiden anderen Calzoni backen.

Zubereitungszeit: ca. 60 Minuten
Zeit zum Gehen: ca. 90 Minuten
Backzeit: ca. 30 Minuten
Pro Portion ca. 607 kcal/2541 kJ, 36 g E, 29 g F, 50 g KH

Variation

Anstelle des Lachses ca. 300 g Thunfisch naturell aus der Dose nehmen.

Kinderpizza kunterbunt

Für 6 Kinderportionen:

Für den Pizzateig:
Zutaten siehe Seite 10/11
Für den Belag:
1 kl. Dose Pizzatomaten (400 g)
etwas Jodsalz
wenig frisch gemahlener schwarzer Pfeffer
etwas Paprikapulver edelsüß
1/2 kl. Dose Champignonköpfe (120 g EW)
1/2 kl. Dose Ananas, ungezuckert (130 g EW)
1 Dose Thunfisch naturell (150 g EW)
250 g Kirschtomaten
1 kl. Dose Gemüsemais (285 g EW oder die gleiche Menge Tk-Gemüsemais)
1 mittelgroße rote Paprikaschoten
120 g gekochter Schinken
50 g Salami
150 g grob geriebener Gouda
Außerdem:
etwas Olivenöl für das Backblech bzw. die Pizzaformen
mehrere Holzfähnchen in 6 verschiedenen Farben

1. Den Pizzateig zubereiten und gehen lassen (Beschreibung siehe Seite 10/11).
2. Inzwischen die Pizzatomaten mit Salz, Pfeffer und Paprikapulver abschmecken.
3. Champignons, Ananas und Thunfisch abtropfen lassen. Die Kirschtomaten waschen, vierteln und dabei den Stielansatz herausschneiden. Den Mais abtropfen (oder auftauen) lassen.
4. Die Paprikaschote putzen, vierteln und in feine Streifen schneiden. Die Champignons eventuell halbieren, Ananasringe in kleine Stücke schneiden.
5. Schinken und Salami in dünne Streifen oder kleine Stücke schneiden. Alle Zutaten, bis auf den Käse, in kleine Schälchen füllen und bereitstellen.
6. Den Ofen auf 200°C vorheizen. Den Teig auf Backblechgröße ausrollen. Backblech ausfetten und den Teig darauf legen. Den Teig mit den Pizzatomaten bestreichen.
7. Nun steckt jedes Kind mit den Fähnchen sein Stück ab (jedes Kind hat seine eigene Farbe). Dann belegt es sein Pizzastück mit allem, was es mag. Den Käse noch nicht darüber streuen.
8. Die Pizza auf der zweiten Schiene von unten in den Ofen schieben und etwa 30 Minuten backen. Etwa 10 Minuten vor Ende der Backzeit den Käse auf der Pizza verteilen.

Zubereitungszeit: ca. 60 Minuten
Zeit zum Gehen: ca. 90 Minuten
Backzeit: ca. 30 Minuten
Pro Portion ca. 419 kcal/ 1755 kJ, 17 g E, 15 g F, 53 g KH

Hinweis

Die Zutaten zum Belegen reichen für mehr als eine Pizza in Backblechgröße aus. Doch benötigen Sie die größere Menge, damit jedes Kind sein Pizzastück auch mit allem belegen kann, was es mag. Aus den Resten gibt's eine kunterbunte Pizza für die Eltern.

Variation

Sie können den Teig auch in sechs gleich große Stücke teilen und für jedes Kind eine eigene kleine runde Pizza backen.

Bärenpizza

Für 2 Bärenpizzas:

Für den Pizzateig:
Zutaten siehe Seite 10/11
Für den Belag:
1 kleiner fester Zucchino (ca. 170 g)
100 g Tk-Erbsen
12 eingelegte Maiskölbchen aus dem Glas
1 gr. Tomate
1/4 geputzte gelbe Paprikaschote
16 abgetropfte Champignonköpfe aus der Dose
2 Kugeln Mozzarella (250 g)
400 ml Tomatenfertigsauce für Nudelgerichte (Geschmacksrichtung Gemüse, Kräuter oder Pilze)
2 grüne Oliven ohne Stein
Außerdem:
etwas Olivenöl für das Backblech

1. Den Pizzateig zubereiten und gehen lassen (Beschreibung siehe Seite 10/11).
2. In der Zwischenzeit den Zucchino putzen, in 12 Scheiben schneiden und diese zusammen mit den Erbsen in reichlich Salzwasser etwa 5 Minuten lang kochen.
3. Die Maiskölbchen abtropfen lassen. Die Tomate waschen, den Stielansatz herausschneiden und 4 dickere Scheiben aus der Tomate schneiden. Den Ofen auf 200°C vorheizen.
4. Für den Bärenmund aus dem Paprikaviertel quer 2 etwa 1 cm breite Streifen herausschneiden. Die Champignons halbieren. Den Mozzarella halbieren und die Hälften in Scheiben schneiden.
5. Ein Backblech einfetten. Den Teig halbieren. Die eine Hälfte zu einer Rolle von etwa 5 cm Ø formen und noch einmal in 2 gleiche Stücke teilen.
6. Von einem Teigstück 2 etwa 7 mm dicke Scheiben abschneiden. Das verbleibende Stück zu einem Fladen von etwa 19 cm Ø ausrollen. Das ist der Bärenbauch. Die beiden Scheiben zu Fladen von etwa 8 cm Ø ausrollen. Das sind die Bärenohren.
7. Von der zweiten Teigrolle 4 etwa 7 mm dicke Scheiben abschneiden und zu je einer Platte von etwa 7 cm Ø ausrollen. Das sind Arme und Beine. Das verbleibende Teigstück zu einem Fladen von etwa 17 cm Ø ausrollen. Er ergibt den Bärenkopf.
8. Alle Teigfladen auf dem Backblech so zusammensetzen, daß eine Bärenfigur entsteht. Dabei alle Fladen an den Nahtstellen leicht überlappen lassen und mit den Fingern fest zusammendrücken.
9. Den Bären gleichmäßig mit der Hälfte der Tomatenfertigsauce bestreichen. 2 Tomatenscheiben auf die Ohren legen. 2 Zucchinischeiben als Augen, 1 Olive als Nase und 1 Paprikastreifen als Mund anordnen.
10. Auf den Bauch fischgrätartig 6 Maiskölbchen legen. Die Zwischenräume mit der Hälfte der Erbsen auffüllen. Auf Hände und Füße je 4 Champignonhälften als Finger bzw. Zehen anordnen.
11. Die Pizza auf der zweiten Schiene von unten in den Ofen schieben und etwa 30 Minuten backen. Etwa 10 Minuten vor Ende der Backzeit den Käse auf Armen und Beinen und auf den Erbsen verteilen. Auch auf die Wangen 2 Käsescheiben legen.
12. In der Zwischenzeit den zweiten Pizzabären formen und belegen, anschließend backen.

Zubereitungszeit: ca. 70 Minuten
Zeit zum Gehen: ca. 90 Minuten
Backzeit: ca. 30 Minuten
Insgesamt ca. 1600 kcal/ 6694 kJ, 70 g E, 55 g F, 203 g KH

Variation 1

Wer Wurst oder Schinken mag, kann auf Ohren, Hände und/oder Füße entsprechend große Salamischeiben oder Kochschinkenwürfel geben.

Variation 2

Statt Tomatenfertigsauce für Nudelgerichte kann auch die gleiche Menge passierte Tomaten oder Pizzatomaten genommen werden. Diese können nach Belieben mit frischen Kräutern, Trockenkräutern, Salz und Pfeffer abgeschmeckt werden.

Variation 3

Anstelle des klassischen Pizzateigs paßt auch gut ein Vollkornpizzateig (siehe Seite 12).

QUICHE UND TARTE

Köstlich, abwechslungsreich und doch problemlos in der Zubereitung. Quiches und Tartes bieten für jeden Geschmack etwas und für jede Gelegenheit das Richtige.

Sauerampfer-quiche

Für 4 Portionen:

Für den Blätterteig:
ca. 350 g Tk-Blätterteig
Für den Belag:
120 g frischer Sauerampfer
100 g Frischkäse (Rahmstufe)
60 g geriebener Parmesan
200 g süße Sahne
4 kleine Eier
etwas Jodsalz
etwas frisch gemahlener weißer Pfeffer
etwas geriebene Muskatnuß
1/2 kl. Knoblauchzehe, durchgepreßt
Außerdem:
etwas Weizenmehl zum Ausrollen und Butter für die Form (ca. 26 cm Ø)

1. Die Teigplatten abbürsten und auftauen lassen. Den Sauerampfer waschen und gut trockentupfen.
2. Den Ofen auf 220°C vorheizen. Frischkäse, Parmesan, Sahne und Eier verquirlen und mit Salz, Peffer, Muskatnuß und Knoblauch abschmecken.
3. Eine Arbeitsfläche mit Mehl bestäuben, die Teigplatten übereinander legen und zu einem Quadrat von etwa 31 cm ausrollen.
4. Die Form ausfetten und mit dem Teig auskleiden. Die überstehenden Ränder abschneiden, daraus kleine Figuren ausstechen.
5. Den Sauerampfer in etwa 1/2 cm breite Streifen schneiden und unter die Käse-Sahne-Mischung rühren. Das Ganze auf den Boden gießen.
6. Die Quiche auf der zweiten Schiene von unten etwa 30 Minuten backen. Etwa nach der Hälfte der Backzeit die Figuren auf der Quiche verteilen.

Zubereitungszeit: ca. 45 Minuten
Backzeit: ca. 30 Minuten
Pro Portion ca. 723 kcal/3027 kJ, 22 g E, 55 g F, 35 g KH

Spinatquiche

Für 4 Portionen:

Für den Blätterteig:
ca. 350 g Tk-Blätterteig
Für den Belag:
450 g Tk-Rahmspinat
250 g Magerquark
150 g saure Sahne (10 % Fett)
1 Tl Speisestärke
etwas Jodsalz
etwas frisch gemahlener schwarzer Pfeffer
etwas frisch gemahlene Muskatnuß
4 Eier
100 g geriebener Greyerzer
Außerdem:
etwas Weizenmehl zum Ausrollen
etwas Butter für die Springform (ca. 26 cm Ø)

1. Die Blätterteigscheiben gut abbürsten und auftauen lassen.
2. In der Zwischenzeit den Rahmspinat nach Packungsanweisung auftauen lassen. Den Quark abtropfen lassen.
3. Den Backofen auf 200°C vorheizen. Eine Arbeitsfläche dünn mit Mehl bestäuben. Die Blätterteigscheiben übereinanderlegen und zu einem Quadrat von 34 cm ausrollen. Die Springform ausfetten und mit dem Teig auskleiden. Überstehende Teigreste abschneiden und anderweitig verwenden.
4. Spinat gut abtropfen lassen, dann mit Quark, saurer Sahne und Stärke verrühren. Die Masse mit Salz, Pfeffer und Muskatnuß würzen. Die Eier trennen. Die Eigelbe unter die Spinat-Quark-Masse rühren.
5. Die Eiweiße steif schlagen und zusammen mit dem Käse unter die Spinatmasse heben. Diese Masse auf den Blätterteig geben.
6. Die Quiche auf der zweiten Schiene von unten in den Backofen schieben und etwa 45 Minuten backen. Dabei geht die Füllung wie bei einem Soufflé auf. Die Backofentür während der Backzeit nicht öffnen, sonst fällt die Füllung zusammen.

Zubereitungszeit: ca. 50 Minuten
Backzeit: ca. 30 Minuten
Pro Portion ca. 731 kcal/3056 kJ, 32 g E, 49 g F, 40 g KH

Mangoldquiche

Für 4 Portionen:

Für den Mürbeteig:
Zutaten siehe Seite 12/13
Für den Belag:
750 g frischer Mangold
etwas Jodsalz
1 Frühlingszwiebel
250 g Quark (40 % Fett i.Tr.)
100 ml Vollmilch
3 Eier
1 Knoblauchzehe, durchgepreßt
etwas frisch gemahlener schwarzer Pfeffer
150 g Blauschimmelkäse (45 % Fett i.Tr.)
Außerdem:
etwas Weizenmehl zum Ausrollen
etwa 500 g Hülsenfrüchte und Butterbrotpapier zum Blindbacken

1. Den Mürbeteig zubereiten und kühl stellen (Beschreibung siehe Seite 12/13).
2. In der Zwischenzeit den Mangold putzen. Die Stiele quer in feine Streifen schneiden, die Blätter in breitere Streifen schneiden. Zuerst die Stiele in wenig Salzwasser etwa 2 Minuten dünsten und im Anschluß daran die Blattstücke dazugeben, den Topf schließen und alles etwa 3 Minuten garen. Anschließend den Mangold gut abtropfen lassen.
3. Den Backofen auf 200°C vorheizen. Eine Arbeitsfläche dünn mit Mehl bestäuben. Den Mürbeteig zu einer Platte von 34 cm Ø ausrollen und eine Form (ca. 28 cm Ø) damit auskleiden. Den Boden mit einer Gabel mehrmals einstechen.
4. Das Ganze mit Butterbrotpapier belegen und die Hülsenfrüchte darauf verteilen. Den Boden auf der zweiten Schiene von unten in den Ofen schieben und etwa 20 Minuten blindbacken.
5. In der Zwischenzeit die Frühlingszwiebel putzen und in dünne Ringe schneiden. Quark, Milch, Eier und Knoblauch verrühren und das Ganze mit Salz und Pfeffer nicht zu kräftig abschmecken.
6. Den Boden aus dem Ofen nehmen. Hülsenfrüchte und Papier entfernen. Den Mangold auf dem Boden verteilen und den Käse darüberbröseln.
7. Die Quarkmasse darübergießen. Die Quiche auf der zweiten Schiene von unten in den Ofen schieben und etwa 30 Minuten backen.

Zubereitungszeit: ca. 50 Minuten
Zeit zum Kühlen: ca. 60 Minuten
Backzeit: ca. 50 Minuten
Pro Portion ca. 708 kcal/2960 kJ, 28 g E, 46 g F, 46 g KH

Radicchio-quiche

Für 4 Portionen:

Für den Blätterteig:
ca. 350 g Tk-Blätterteig
Für den Belag:
550 g Radicchio
45 g Pinienkerne
150 g süße Sahne
250 g Quark (40 % Fett i.Tr.)
4 Eier
1 Tl Speisestärke
etwas Jodsalz
etwas frisch gemahlener schwarzer und grüner Pfeffer
etwas frisch gemahlener Koriander
150 g fein geriebener Pecorino
Außerdem:
Weizenmehl zum Ausrollen
etwas Butter für die Form (ca. 28 cm Ø)

1. Die Blätterteigscheiben abbürsten und auftauen lassen.
2. In der Zwischenzeit die welken Außenblätter des Radicchio entfernen. Die Radicchioköpfe waschen, trockenschleudern und dann halbieren. Die Radicchiohälften längs in 2 cm breite Streifen schneiden.
3. Die Pinienkerne in einer trockenen Pfanne rösten. Den Backofen auf 220°C vorheizen.
4. Eine Arbeitsfläche dünn mit Mehl bestäuben. Die Blätterteigscheiben übereinanderlegen und zu einem Quadrat von 34 cm ausrollen. Die Form ausfetten und mit dem Teig auskleiden. Überstehende Teigreste abschneiden und anderweitig verwenden.
5. Den Radicchio auf dem Teig verteilen. Sahne, Quark, Eier und Stärke verrühren. Die Masse mit Salz, Pfeffer und Koriander kräftig abschmecken und zum Schluß den Käse darunterheben. Diesen Guß über den Radicchio gießen.
6. Die Quiche auf der zweiten Schiene von unten in den Ofen schieben und etwa 35 Minuten backen. Etwa 10 Minuten vor Ende der Backzeit die Pinienkerne darüberstreuen.

Zubereitungszeit: ca. 40 Minuten
Backzeit: ca. 35 Minuten
Pro Portion ca. 816 kcal/3418 kJ, 30 g E, 60 g F, 41 g KH

Variation 1

Man kann zusätzlich noch 1 El abgetropfte Kapern über den Radicchio streuen.

Variation 2

Auch ein Quark-Öl-Teig paßt zu diesem Belag sehr gut.

Lauchquiche

Für 4 Portionen:

Für den Mürbeteig:
Zutaten siehe Seite 12/13
Für den Belag:
600 g Lauchstangen, nur den Schaft
etwas Jodsalz
50 g magerer roher Schinkenspeck
250 g Schmand oder Sauerrahm (24 % Fett)
3 Eier
etwas frisch gemahlener schwarzer Pfeffer
etwas edelsüßes Paprikapulver
2 El Schnittlauchröllchen
60 g geriebener Greyezer oder Emmentaler
Außerdem:
etwas Weizenmehl zum Ausrollen
etwa 500 g Hülsenfrüchte und Butterbrotpapier für das Blindbacken

1. Den Mürbeteig zubereiten und kühl stellen (Beschreibung siehe Seite 12/13).
2. In der Zwischenzeit von den Lauchstangen die äußere Blattschicht und die Wurzeln entfernen. Die Stangen abspülen und im Ganzen in reichlich Salzwasser in etwa 10 Minuten bißfest kochen.
3. Den Backofen auf 200°C vorheizen. Den Schinkenspeck in kleine Würfel schneiden. Die Lauchstangen aus dem Topf nehmen, gut abtropfen und abkühlen lassen.
4. Schmand und Eier verquirlen und das Ganze mit Salz, Pfeffer und Paprikapulver kräftig abschmecken. Die Lauchstangen in etwa 2 cm breite Scheiben schneiden. Sie dürfen dabei nicht in einzelne Ringe zerfallen.
5. Eine Arbeitsfläche dünn mit Mehl bestäuben und den Teig zu einer runden Platte von etwa 32 cm Ø ausrollen. Anschließend eine runde Form (ca. 26 cm Ø) mit dem Teig auskleiden und den Boden mit einer Gabel mehrmals einstechen.
6. Das Ganze mit Butterbrotpapier belegen und die Hülsenfrüchte gleichmäßig darauf verteilen. Den Boden auf der zweiten Schiene von unten in den Ofen schieben und etwa 25 Minuten blindbacken.
7. Den Boden aus dem Ofen nehmen. Hülsenfrüchte und Papier entfernen. Die Lauchscheiben darauf verteilen, salzen, pfeffern und mit etwas Paprikapulver bestreuen.
8. Die Schinkenspeckwürfel in die Zwischenräume geben. Die Schmand-Eier-Mischung gleichmäßig darübergießen.
9. Die Quiche auf der zweiten Schiene von unten in den Ofen schieben und etwa 30 Minuten backen. Etwa 5 Minuten vor Ende der Backzeit zuerst die Schnittlauchröllchen, dann den Käse auf der Quiche verteilen.

Zubereitungszeit: ca. 65 Minuten
Zeit zum Kühlen: ca. 60 Minuten
Backzeit: ca. 55 Minuten
Pro Portion ca. 686 kcal/2872 kJ, 19 g E, 50 g F, 40 g KH

Tip
Sollte der Lauch zwischen den einzelnen Blattlagen sehr sandig sein, kann er nicht im Ganzen verarbeitet werden. In einem solchen Fall die Lauchstangen der Länge nach tief einschneiden und den Sand gründlich herauswaschen. Das Ganze dann in etwa 2 cm breite Ringe schneiden, in etwa 1 El Sonnenblumenöl bißfest dünsten, salzen, pfeffern und mit etwas Paprikapulver bestreuen. Anschließend den Lauch mit den Speckwürfeln mischen und die Mischung auf dem vorgebackenen Boden verteilen.

Chicoréequiche

Für 4 Portionen:

Für den Blätterteig:
ca. 350 g Tk-Blätterteig
Für den Belag:
500 g Chicorée
etwas Jodsalz
100 g gekochter Schinken
250 g Quark (40 % Fett i.Tr.)
150 g süße Sahne
4 Eier
etwas frisch gemahlener schwarzer Pfeffer
1 Bund Schnittlauch, fein geschnitten
1 Bund Zitronenmelisse, Blätter in feine Streifen geschnitten
100 g grob geriebener Emmentaler
Außerdem:
etwas Weizenmehl zum Ausrollen
etwas Butter für die Form (ca. 28 cm ø)

1. Die Blätterteigscheiben abbürsten und auftauen lassen.
2. In der Zwischenzeit die welken Außenblätter der Chicoréekolben entfernen. Die Kolben waschen, dann vierteln und in Salzwasser etwa 2 Minuten blanchieren. Den Chicorée anschließend gut abtropfen lassen.
3. Den Backofen auf 220°C vorheizen. Den Schinken in etwa 1 cm große Würfel schneiden.
4. Quark, Sahne und Eier gut verrühren und die Masse mit Salz und Pfeffer kräftig abschmecken. Die Kräuter darunterrühren.
5. Eine Arbeitsfläche dünn mit Mehl bestäuben. Die Blätterteigscheiben übereinanderlegen und zu einer Platte von 34 cm ausrollen. Die Form ausfetten und mit dem Teig auskleiden. Überstehende Teigreste abschneiden und anderweitig verwenden.
6. Den Chicorée in die Form legen und die Quarkmasse darübergießen. Die Quiche auf der zweiten Schiene von unten in den Ofen schieben und etwa 35 Minuten backen. Nach der Hälfte der Backzeit den Käse darüberstreuen.

Zubereitungszeit: ca. 40 Minuten
Backzeit: ca. 35 Minuten
Pro Portion ca. 778 kcal/3258 kJ, 34 g E, 54 g F, 39 g KH

Spinat-Schafkäse-Kuchen

Für 4 Portionen:

Für den Teig:
ca. 500 g Börekteig, in großen Platten (gibt's in türkischen Lebensmittelläden zu kaufen)
ca. 100 g Butter
Für den Belag:
1 kg Tk-Blattspinat
etwas Jodsalz, etwas frisch gemahlener schwarzer Pfeffer
250 g abgetropfter Schafkäse, in Lake eingelegt
4 El Vollmilch
150 g saure Sahne (10 % Fett)
100 g Schmand (24 % Fett)
4 Eier
1 bis 2 Knoblauchzehen, durchgepreßt
3 El türkische Rosinen
2 El Pinienkerne
Außerdem:
Butter oder Backpapier für ein tiefes Backblech (ca. 40 x 30 cm)

1. Das Backblech ausfetten oder mit Backpapier auslegen. Den Börekteig auseinanderrollen. Die Butter schmelzen lassen.

2. Den Blattspinat mit wenig Wasser dünsten oder dämpfen, bis er aufgetaut ist. Den Backofen auf 200°C vorheizen.

3. In der Zwischenzeit eine Teigplatte in das Backblech legen und mit geschmolzener Butter bestreichen. Nun die zweite Teigplatte darauf legen und wieder mit Butter bestreichen. Auf diese Weise fortfahren, bis alle Teigplatten übereinander liegen. Das Backblech und auch die Ränder sollen ganz mit Teig ausgekleidet sein.

4. Im Anschluß daran den Spinat abtropfen lassen und nochmal ausdrücken. Ihn anschließend auf dem Teig verteilen, salzen und leicht pfeffern.

5. Den Schafkäse mit den Fingern etwas zerpflücken. Den Käse, die Milch, die saure Sahne, den Schmand, die Eier und den Knoblauch zu einer cremigen Masse pürieren und diese mit etwas Pfeffer würzen.

6. Rosinen und Pinienkerne über den Spinat streuen und die Schafkäsecreme darübergießen.

7. Die Quiche auf der zweiten Schiene von unten in den Ofen schieben und etwa 30 Minuten backen.

Zubereitungszeit: ca. 50 Minuten
Backzeit: ca. 30 Minuten
Pro Portion ca. 818 kcal/3426 kJ, 35 g E, 58 g F, 37 g KH

Variation

Nur etwa 700 g Tk-Blattspinat nehmen. Etwa 250 g Lammhackfleisch in heißem Olivenöl krümelig braten, mit Knoblauch, Salz, Pfeffer, Zimt und Koriander kräftig würzen und über den Spinat geben.

Tomaten-Frischkäse-Quiche

Für 4 Portionen:

Für den Quark-Öl-Teig:
Zutaten siehe Seite 14
Für den Belag:
ca. 18 reife feste Kirschtomaten (ca. 350 g)
250 g Ricotta (italienischer Frischkäse)
50 g Magerquark
3 Eier
etwas Jodsalz, etwas frisch gemahlener schwarzer Pfeffer
etwas edelsüßes Paprikapulver
4 El fein gehackter Thymian
1 Paket Tk-Italienische-Kräuter
Außerdem:
Weizenmehl zum Ausrollen
Öl für die Form (ca. 26 cm Ø)

1. Den Quark-Öl-Teig zubereiten und eine Weile ruhen lassen (Beschreibung siehe Seite 14).
2. In der Zwischenzeit die Stielansätze aus den Tomaten herausschneiden. Die Tomaten danach ganz kurz in kochend heißem Wasser brühen, kalt abschrecken und enthäuten.
3. Ricotta, Quark und Eier verquirlen und das Ganze mit Salz, Pfeffer und Paprikapulver kräftig abschmecken. Den Thymian darunterrühren.
4. Den Ofen auf 200°C vorheizen. Eine Arbeitsfläche dünn mit Mehl bestäuben und den Teig zu einer runden Platte von etwa 32 cm Ø ausrollen. Die Form ausfetten und mit dem Teig auskleiden.
5. Die Kräutermischung auf dem Boden verstreuen und die Tomaten darauf verteilen. Dann die Ricotta-Eier-Mischung zwischen die Tomaten geben.
6. Die Quiche auf der zweiten Schiene von unten in den Ofen schieben und etwa 30 Minuten backen.

Zubereitungszeit: ca. 45 Minuten
Zeit zum Ruhen: ca. 20 Minuten
Backzeit: ca. 30 Minuten
Pro Portion ca. 431 kcal/1805 kJ, 22 g E, 23 g F, 33 g KH

Variation 1

Anstelle des Ricotta können auch andere Frischkäse (Rahm- oder Doppelrahmstufe) verwendet werden.

Variation 2

Anstelle des Thymians können auch etwa gleiche Mengen frischer Majoran, frisches Basilikum, frisches Oregano, frischer Sauerampfer, frischer Schnittlauch oder frische Blattpetersilie verwendet werden.

Tomatentarte

Für 4 Portionen:

Für den Quark-Öl-Teig:
Zutaten siehe Seite 14
Für den Belag:
300 g reife Tomaten
170 g süße Sahne
30 g frisch geriebener Parmesan
3 Eier
etwas Jodsalz
etwas frisch gemahlener schwarzer Pfeffer
etwas edelsüßes Paprikapulver
1 großes Bund Basilikum
1 Kugel Mozzarella (125 g)
3 Tl Pesto (italienische Basilikumsauce)
Außerdem:
etwas Weizenmehl zum Ausrollen
etwas Öl für die Form (ca. 26 cm Ø)

1. Den Quark-Öl-Teig zubereiten und ruhen lassen (Beschreibung siehe Seite 14).
2. In der Zwischenzeit die Tomaten waschen und die Stielansätze herausschneiden. Die Tomaten quer in knapp 1 cm dicke Scheiben schneiden.
3. Sahne, Parmesan und Eier verquirlen und das Ganze mit Salz, Pfeffer und Paprikapulver abschmecken.
4. Das Basilikum waschen, trockentupfen, die Blätter von den Stielen zupfen und in feine Streifen schneiden. Dabei 8 große Blätter zurückbehalten. Den Mozzarella in 8 Scheiben schneiden.
5. Den Ofen auf 200°C vorheizen. Eine Arbeitsfläche dünn mit Mehl bestäuben und den Teig zu einer runden Platte von etwa 31 cm Ø ausrollen. Die Form ausfetten und mit dem Teig auskleiden.
6. Die Tomatenscheiben auf dem Boden verteilen und mit dem Pesto bestreichen. Die Basilikumstreifen darauf verteilen. Die Sahne-Eier-Mischung mit einem Eßlöffel vorsichtig darübergeben. Das gesamte Basilikum soll mit der Flüssigkeit benetzt sein.
7. Die Tarte auf der zweiten Schiene von unten in den Ofen schieben und etwa 30 Minuten backen. Etwa 5 Minuten vor Ende der Backzeit den Käse auf der Tarte verteilen.
8. Die Tarte aus dem Ofen nehmen und die restlichen Basilikumblätter auf die Käsescheiben legen.

Zubereitungszeit: ca. 50 Minuten
Zeit zum Ruhen: ca. 20 Minuten
Backzeit: ca. 30 Minuten
Pro Portion ca. 598 kcal/2507 kJ, 25 g E, 40 g F, 33 g KH

Frischkäse-Kräuter-Quiche

Für 4 Portionen:

Für den Blätterteig:
ca. 350 g Tk-Blätterteig
Für den Belag:
10 zarte Salbeiblättchen
20 große Basilikumblätter
400 g Frischkäse (Rahmstufe)
4 kleine Eier
etwas Jodsalz
etwas frisch gemahlener weißer Pfeffer
etwas edelsüßes Paprikapulver
2 El fein gehackter Thymian
2 El fein gehackter Majoran
1 El fein gehackter Rosmarin
etwas Eigelb
2 El fein geriebener Parmesan
Außerdem:
etwas Weizenmehl zum Ausrollen
etwas Öl für die Form (ca. 26 cm Ø)

1. Die Teigplatten abbürsten und auftauen lassen. In der Zwischenzeit die Salbei- und Basilikumblätter kalt abbrausen, trockentupfen und in feine Streifen schneiden.
2. Den Ofen auf 220°C vorheizen. Frischkäse und Eier verquirlen. Das Ganze mit Salz, Peffer und Paprikapulver abschmecken. Thymian, Majoran, Rosmarin, Salbei und Basilikum darunterrühren.
3. Eine Arbeitsfläche dünn mit Mehl bestäuben, die Teigplatten übereinanderlegen und zu einem Quadrat von etwa 31 cm ausrollen.
4. Die Form ausfetten und mit dem Teig auskleiden. Die überstehenden Ränder abschneiden und aus den Teigresten nicht zu kleine Figuren, zum Beispiel Herzen, ausstechen.
5. Die Frischkäse-Kräuter-Mischung auf den Teigboden gießen. Die Quiche auf der zweiten Schiene von unten in den Ofen schieben und etwa 30 Minuten backen.
6. Inzwischen die Teigfiguren mit etwas Eigelb bestreichen und mit dem Parmesan bestreuen. Etwa nach der Hälfte der Backzeit die Figuren auf die Quiche setzen.

Zubereitungszeit: ca. 50 Minuten
Backzeit: ca. 30 Minuten
Pro Portion ca. 738 kcal/3090 kJ, 27 g E, 55 g F, 35 g KH

Variation 1

Es sind auch andere Kräuterkombinationen denkbar. So passen etwa je 50 g Rauke (Rucola), Sauerampfer und Brunnenkresse gut zusammen. Je 1 Bund Schnittlauch, Petersilie und Kerbel lassen sich auch gut kombinieren. Wer gern Dill mag, kann auch ausschließlich diesen verwenden. Etwa 2 Bund sind ausreichend.

Variation 2

Statt mit Kräutern kann der Frischkäse auch mit Frühlingszwiebeln verfeinert werden. Dazu 1 großes Bund ganz junge Frühlingszwiebeln putzen, in feine Ringe schneiden und unter den Käse heben.

Variation 3

Wer es nicht ganz so üppig mag, kann anstelle eines Blätterteigs einen Quark-Öl-Teig (siehe Seite 14) verwenden. Er paßt ebenfalls gut und ist weit weniger fetthaltig.

Variation 4

Etwa 70 g geräucherten Lachs in Scheiben in feine Streifen schneiden und auf dem Teigboden verteilen. Anstelle der angegebenen Kräuter empfiehlt es sich, 4 El fein gehackten Dill oder 2 Pakete Tk-8-Kräuter-Mischung unter die Frischkäse-Eier-Mischung zu geben.

Sellerietarte

Für 4 Portionen:

Für den Quark-Öl-Teig:
Zutaten siehe Seite 14
Für den Belag:
800 g Knollensellerie
etwas Jodsalz
Saft von 1 Zitrone
450 g saure Sahne (10 % Fett)
1 Tl Speisestärke
3 Tl Kokosflocken
3 Tl Sesammus (Tahin)
etwas frisch gemahlener schwarzer Pfeffer
etwa 3 Tl Currypulver
4 Eier
150 g Cheddar (45 % Fett i.Tr.)
2 Zweige Blattpetersilie, Blätter in feinen Streifen
Außerdem:
etwas Weizenmehl zum Ausrollen
etwas Öl für die Form (ca. 28 cm Ø)

1. Den Quark-Öl-Teig zubereiten und ruhen lassen (Beschreibung siehe Seite 14).
2. In der Zwischenzeit den Sellerie putzen und in Achtel schneiden. Die Achtel in etwa 3 mm dicke Scheiben schneiden. Den Sellerie zusammen mit dem Saft von 1/2 Zitrone in gesalzenem Wasser bißfest dünsten. Das dauert 5 bis 8 Minuten.
3. Saure Sahne, Stärke, Kokosflocken, den restlichen Zitronensaft und das Sesammus verrühren. Diesen Guß mit Salz, Pfeffer und Currypulver kräftig abschmecken und zum Schluß die Eier darunterquirlen.
4. Den Backofen auf 200°C vorheizen. Eine Arbeitsfläche dünn mit Mehl bestäuben. Den Teig zu einer runden Platte von 34 cm Ø cm ausrollen. Die Form ausfetten und mit dem Teig auskleiden. Den Cheddar in 1 cm breite und 2 mm dünne Streifen schneiden.
5. Die Selleriescheiben gut abtropfen lassen und dachziegelartig auf dem Teig anordnen. Den Saure-Sahne-Guß darübergießen.
6. Die Tarte auf der zweiten Schiene von unten in den Ofen schieben und 35 bis 40 Minuten backen. Nach der Hälfte der Backzeit die Käsestreifen gitterartig auf die Tarte legen. Vor dem Servieren die Petersilie darüberstreuen.

Zubereitungszeit: ca. 60 Minuten
Zeit zum Ruhen: ca. 20 Minuten
Backzeit: ca. 40 Minuten
Pro Portion ca. 755 kcal/3157 kJ, 31 g E, 50 g F, 44 g KH

Möhrentarte

Für 4 Portionen:

Für den Blätterteig:
ca. 350 g Tk-Blätterteig
Für den Belag:
900 g frische Möhren
etwas Jodsalz
1 Prise Zucker
1 Tl Butter
100 g frischer Bleichsellerie
3 El Leinsamen
200 g Edelpilzkäse, z.B. Gorgonzola
200 g süße Sahne
4 Eier
etwas frisch gemahlener schwarzer Pfeffer
etwas frisch gemahlene Muskatnuß
1 Bund Blattpetersilie, grob gehackt
Außerdem:
etwas Weizenmehl zum Ausrollen
etwas Butter für die Form (ca. 28 cm Ø)

1. Die Blätterteigscheiben abbürsten und auftauen lassen.
2. In der Zwischenzeit die Möhren schälen und längs in etwa 1 cm dicke Scheiben schneiden. Die Möhren in etwa 100 ml Wasser zusammen mit etwas Salz, dem Zucker und der Butter etwa 20 Minuten dünsten. Sie sollten noch bißfest sein.
3. Den Bleichsellerie putzen und quer in ganz dünne Scheiben schneiden. Dann den Backofen auf 220°C vorheizen.
4. Eine Arbeitsfläche dünn mit Mehl bestäuben. Die Blätterteigscheiben aufeinanderlegen und zu einem Quadrat von 34 cm ausrollen. Die Form ausfetten und mit dem Teig auskleiden. Überstehende Teigreste abschneiden und anderweitig verwenden. Etwa 1 El Leinsamen auf den Teig streuen.
5. Die Möhren gut abtropfen lassen (Möhrenwasser dabei auffangen). Die Möhren fächerartig auf den Teig legen. Die Bleichselleriestreifen darüberstreuen und den Käse darüberbröseln.
6. Die Sahne mit dem Möhrenwasser auf 250 ml auffüllen. Diese mit den Eiern verquirlen und mit Salz, Pfeffer und Muskatnuß abschmecken.
7. Die Sahne-Eier-Mischung über die Zutaten gießen. Die Tarte auf der zweiten Schiene von unten in den Ofen schieben und etwa 40 Minuten backen. Etwa 5 Minuten vor Ende der Backzeit die Petersilie darüberstreuen.

Zubereitungszeit: ca. 60 Minuten
Backzeit: ca. 40 Minuten
Pro Portion ca. 844 kcal/3532 kJ, 27 g E, 62 g F, 45 g KH

Variation

Man kann die Möhren auch mit Kohlrabischeiben (450 g Möhren und 450 g Kohlrabi) mischen. Der Kohlrabi muß ebenfalls vorgegart werden.

Paprikaquiche

Für 4 Portionen:

Für den Quark-Öl-Teig:
Zutaten siehe Seite 14
Für den Belag:
3 mittelgroße Paprikaschoten (2 rote und 1 gelbe, ca. 420 g)
100 g abgetropfter Schafkäse, in Lake eingelegt
250 g Schichtkäse (10 % Fett i.Tr.)
20 g Speisestärke
3 Eier
1 Päckchen Tk-Italienische-Kräuter
etwas Jodsalz
etwas frisch gemahlener schwarzer Pfeffer
Außerdem:
etwas Weizenmehl zum Ausrollen
etwas Öl für die Form (ca. 26 cm Ø)

1. Den Quark-Öl-Teig zubereiten und ruhen lassen (Beschreibung siehe Seite 14).
2. Paprikaschoten putzen, in Achtel schneiden, diese quer in 2 mm dünne Streifen schneiden. Den Schafkäse fein würfeln.
3. Den Backofen auf 200°C vorheizen. Den Schichtkäse, die Stärke, Eier und Kräuter verquirlen, kräftig salzen und pfeffern.
4. Eine Arbeitsfläche dünn mit Mehl bestäuben. Den Teig zu einer runden Platte von 31 cm Ø ausrollen. Die Form ausfetten und mit dem Teig auskleiden.
5. Paprikaschoten und Schafkäse unter die Schichtkäsemasse heben. Die Masse auf den Teig geben und glattstreichen.
6. Die Quiche auf der zweiten Schiene von unten in den Ofen schieben und etwa 35 Minuten backen.

Zubereitungszeit: ca. 45 Minuten
Zeit zum Ruhen: ca. 20 Minuten
Backzeit: ca. 35 Minuten
Pro Portion ca. 502 kcal/2100 kJ, 27 g E, 25 g F, 42 g KH

Fenchelquiche

Für 4 Portionen:

Für den Quark-Öl-Teig:
Zutaten siehe Seite 14
Für den Belag:
700 g frische Fenchelknollen mit Grün
etwas Jodsalz
4 mittelgroße Möhren (ca. 200 g)
200 g süße Sahne
3 kleine Eier
etwas frisch gemahlener schwarzer Pfeffer
etwas edelsüßes Paprikapulver
Saft von 1 kl. Zitrone
100 g Kochschinken, klein gewürfelt
80 g geriebener Emmentaler
Außerdem:
etwas Weizenmehl zum Ausrollen
etwas Öl für die Form (ca. 26 cm Ø)

1. Den Quark-Öl-Teig zubereiten und ruhen lassen (Beschreibung siehe Seite 14).
2. In der Zwischenzeit den Fenchel putzen. Das Grün dabei zurückbehalten.
3. Den Fenchel der Länge nach halbieren, die Hälften quer in etwa 7 mm breite Streifen schneiden, in ein Sieb geben und kalt abbrausen. Den Fenchel in reichlich Salzwasser in etwa 10 Minuten bißfest kochen. Das Fenchelgrün fein hacken.
4. Möhren putzen und fein raspeln. Sahne und Eier verquirlen. Das Ganze mit Salz, Pfeffer und Paprikapulver abschmecken.
5. Den Fenchel abgießen und gut abtropfen lassen. Ihn anschließend mit dem Zitronensaft beträufeln und mit Fenchelgrün, Möhren und Schinken mischen.
6. Den Ofen auf 200°C vorheizen. Eine Arbeitsfläche dünn mit Mehl bestäuben und den Teig zu einer runden Platte von etwa 32 cm Ø ausrollen. Die Form ausfetten und mit dem Teig auskleiden.
7. Die Fenchelmischung auf dem Teigboden verteilen. Die Sahne-Eier-Mischung darübergießen.
8. Die Quiche auf der zweiten Schiene von unten in den Ofen schieben und etwa 30 Minuten backen. Etwa 5 Minuten vor Ende der Backzeit den Käse auf der Quiche verteilen.

Zubereitungszeit: ca. 60 Minuten
Zeit zum Ruhen: ca. 20 Minuten
Backzeit: ca. 30 Minuten
Pro Portion ca. 628 kcal/2630 kJ, 30 g E, 39 g F, 40 g KH

Zucchinitarte

Für 4 Portionen:

Für den Blätterteig:
ca. 350 g Tk-Blätterteig
Für den Belag:
400 g mittelgroße feste Zucchini
etwas Jodsalz
200 g süße Sahne
3 Eier
100 g frisch geriebener Parmesan
etwas frisch gemahlener schwarzer Pfeffer
etwas edelsüßes Paprikapulver
1 1/2 El frisches Oregano, grob gehackt
Außerdem:
etwas Weizenmehl zum Ausrollen
etwas Öl für die Form (ca. 26 cm Ø)

1. Die Teigplatten abbürsten und auftauen lassen. In der Zwischenzeit die Zucchini putzen, quer halbieren und die Hälften der Länge nach in etwa 3 mm dünne Scheiben schneiden.

2. Den Ofen auf 220°C vorheizen. Die Zucchinischeiben in reichlich Salzwasser in etwa 3 Minuten bißfest kochen, abgießen, abtropfen lassen und auf einem sauberen Geschirrtuch ausbreiten.

3. Sahne, Eier und die Hälfte des Parmesans verquirlen. Das Ganze mit Salz, Pfeffer und Paprikapulver abschmecken.

4. Eine Arbeitsfläche dünn mit Mehl bestäuben, die Teigplatten übereinanderlegen und zu einem Quadrat von etwa 31 cm ausrollen.

5. Die Form ausfetten und mit dem Teig auskleiden. Die überstehenden Ränder abschneiden und die Teigreste anderweitig verwenden.

6. Die Zucchinischeiben fächerartig auf dem Teigboden anordnen. Das Oregano darüberstreuen. Die Sahnemischung nochmals aufrühren und darübergießen.

7. Die Tarte auf der zweiten Schiene von unten in den Ofen schieben und etwa 30 Minuten backen. Etwa 5 Minuten vor Ende der Backzeit den restlichen Käse auf der Tarte verteilen.

Zubereitungszeit: ca. 60 Minuten
Backzeit: ca. 30 Minuten
Pro Portion ca. 695 kcal/2912 kJ, 22 g E, 53 g F, 35 g KH

Spargelquiche

Für 4 Portionen:

Für den Blätterteig:
ca. 350 g Tk-Blätterteig
Für den Belag:
375 g Spargel aus der Dose
250 g süße Sahne
4 kleine Eier
1 El fein gehackte Petersilie
50 g fein geriebener Parmesan
etwas Jodsalz
etwas frisch gemahlener weißer Pfeffer
etwas edelsüßes Paprikapulver
Außerdem:
etwas Weizenmehl zum Ausrollen
etwas Öl für die Form (ca. 26 cm Ø)

1. Die Teigplatten abbürsten und auftauen lassen. In der Zwischenzeit den Spargel gut abtropfen lassen und mit Küchenpapier trockentupfen.
2. Den Backofen auf 220°C vorheizen. Sahne, Eier, Petersilie und Parmesan verquirlen. Das Ganze mit Salz, Pfeffer und Paprikapulver abschmecken.
3. Eine Arbeitsfläche dünn mit Mehl bestäuben, die Teigplatten übereinanderlegen und zu einem Quadrat von etwa 31 cm ausrollen. Die Form ausfetten und mit dem Teig auskleiden.
4. Die überstehenden Ränder abschneiden und aus den Teigresten kleine Figuren ausstechen.
5. Die Spargelstangen am unteren Ende etwa um ein Drittel kürzen. Die langen Stangen strahlenförmig auf dem Teigboden anordnen und die Zwischenräume mit den Stangenabschnitten auffüllen.
6. Die Sahne-Eier-Mischung nochmals durchrühren und gleichmäßig über die Spargelstangen gießen.
7. Die Quiche auf der zweiten Schiene von unten in den Ofen schieben und etwa 30 Minuten backen. Nach 15 Minuten die Figuren auf der Quiche verteilen.

Zubereitungszeit: ca. 45 Minuten
Backzeit: ca. 30 Minuten
Pro Portion ca. 684 kcal/2864 kJ, 19 g E, 52 g F, 35 g KH

Variation 1

Etwa 500 g frischen weißen oder grünen Spargel waschen, dünn schälen und in reichlich Salzwasser bißfest kochen. Den Spargel gut abtropfen lassen, trockentupfen, etwas abkühlen lassen und dann wie den Dosenspargel verwenden.

Variation 2

Zur Abwechslung etwa 60 g kleine Kochschinkenwürfel zwischen den Spargelstangen verteilen.

Artischocken-quiche

Für 4 Portionen:

Für den Quark-Öl-Teig:
Zutaten siehe Seite 14
Für den Belag:
1 kl. Dose Artischocken (240 g EW)
40 g schwarze Oliven ohne Stein, mit Knoblauch eingelegt
300 g saure Sahne (10 % Fett)
3 Eier
50 g frisch geriebener Parmesan
etwas Jodsalz
etwas frisch gemahlener schwarzer Pfeffer
etwas edelsüßes Paprikapulver
1 gestr. El gerebelter Majoran oder gerebeltes Oregano
5 hauchdünne Scheiben magerer Frühstücksschinken (ca. 90 g)
ca. 1 El Butter
Außerdem:
etwas Weizenmehl zum Ausrollen
etwas Öl für die Form (ca. 26 cm Ø)

1. Den Quark-Öl-Teig zubereiten und ruhen lassen (Beschreibung siehe Seite 14).
2. In der Zwischenzeit die Artischocken abgießen, halbieren und gut abtropfen lassen. Die Oliven in möglichst kleine Würfel schneiden. Den Ofen auf 200°C vorheizen.
3. Sahne, Eier und Parmesan verquirlen. Das Ganze mit Salz, Pfeffer und Paprikapulver kräftig abschmecken. Den Majoran oder das Oregano darunterrühren.
4. Eine Arbeitsfläche dünn mit Mehl bestäuben und den Teig zu einer runden Platte von etwa 32 cm Ø ausrollen. Die Form ausfetten und mit dem Teig auskleiden.
5. Die Artischocken mit der Schnittfläche nach unten auf dem Boden verteilen, die Oliven dazwischen geben und die Sahnemischung darübergießen.
6. Die Quiche auf der zweiten Schiene von unten in den Ofen schieben und etwa 30 Minuten backen.
7. Kurz vor Ende der Backzeit den Schinken in der Butter knusprig braten, auf Küchenkrepp abtropfen lassen und auf die fertige Quiche legen.

Zubereitungszeit: ca. 50 Minuten
Zeit zum Ruhen: ca. 20 Minuten
Backzeit: ca. 30 Minuten
Pro Portion ca. 689 kcal/2884 kJ, 22 g E, 52 g F, 34 g KH

Tarte mit Sommergemüse

Für 4 Portionen:

Für den Brotteig:
Zutaten siehe Seite 11
(Die Hälfte der angegebenen Mengen nehmen.)
Für den Belag:
1 mittelgroße Aubergine (ca. 100 g)
1 mittelgroßer Zucchino (ca. 250 g)
je 1 mittelgroße rote und grüne Paprikaschote (ca. 280 g)
etwas Jodsalz
250 g Magerquark
20 g Weizengrieß
1 Ei
1 Frühlingszwiebel
2 El fein geschnittener Rosmarin
1 Knoblauchzehe, durchgepreßt
etwas frisch gemahlener schwarzer Pfeffer
100 g fein geriebener Pecorino, Etorki oder ein anderer Hart- oder Schnittkäse aus Schafmilch
Außerdem:
etwas Öl für die Form (ca. 26 cm Ø)

1. Den Brotteig zubereiten und eine Zeitlang gehen lassen (Beschreibung siehe Seite 11).
2. In der Zwischenzeit das Gemüse putzen und in etwa 7 mm große Würfel schneiden. Die Gemüsesorten dann einzeln in gesalzenem Wasser etwa 4 Minuten blanchieren. Anschließend gut abtropfen lassen.
3. Den Quark, den Grieß und das Ei verrühren. Den Backofen auf 200°C vorheizen. Die Frühlingszwiebel putzen und in feine Ringe schneiden.
4. Das Gemüse mit dem Rosmarin und den Frühlingszwiebeln mischen. Den Teig zu einer runden Platte von 31 cm Ø ausrollen. Die Form ausfetten und mit dem Teig auskleiden. Das Gemüse darauf verteilen und mit Pfeffer bestreuen.
5. Die Quarkmasse mit dem Knoblauch verrühren und mit Jodsalz und Pfeffer würzen. Anschließend auf dem Gemüse verstreichen.
6. Die Tarte auf der zweiten Schiene von unten in den Ofen schieben und etwa 30 Minuten backen. Nach der Hälfte der Backzeit den Käse darauf geben.

Zubereitungszeit: ca. 50 Minuten
Zeit zum Gehen: ca. 90 Minuten
Backzeit: ca. 30 Minuten
Pro Portion ca. 398 kcal/1669 kJ, 23 g E, 14 g F, 44 g KH

Kohlrabitarte

Für 4 Portionen:

Für den Blätterteig:
ca. 350 g Tk-Blätterteig
Für den Belag:
750 g Kohlrabi
etwas Jodsalz
1 dickere Scheibe Kochschinken (ca. 70 g)
100 g Frischkäse (Rahmstufe)
100 g süße Sahne
3 Eier
etwas frisch gemahlener weißer Pfeffer
etwas edelsüßes Paprikapulver
2 El fein gehackte Petersilie
Außerdem:
etwas Weizenmehl zum Ausrollen
etwas Öl für die Form (ca. 26 cm Ø)

1. Die Teigplatten abbürsten und auftauen lassen. In der Zwischenzeit die Kohlrabi putzen, halbieren und die Hälften quer in etwa 3 mm dünne Scheiben schneiden.
2. Den Ofen auf 220°C vorheizen. Die Kohlrabischeiben in reichlich Salzwasser bißfest kochen, abgießen und gut abtropfen lassen. Dann den Schinken in kleine Würfel schneiden.
3. Frischkäse, Sahne und Eier verquirlen. Das Ganze mit Salz, Peffer und Paprikapulver abschmecken. Die Petersilie darunterrühren.
4. Eine Arbeitsfläche dünn mit Mehl bestäuben, die Teigplatten übereinanderlegen und zu einem Quadrat von etwa 31 cm ausrollen.
5. Die Form ausfetten und mit dem Teig auskleiden. Die überstehenden Ränder abschneiden und die Teigreste anderweitig verwenden.
6. Die Kohlrabischeiben dachziegelartig auf dem Boden anordnen. Die Schinkenwürfel darauf verteilen. Die Frischkäsemischung darübergießen.
7. Die Tarte auf der zweiten Schiene von unten in den Ofen schieben und etwa 30 Minuten backen.

Zubereitungszeit: ca. 60 Minuten
Backzeit: ca. 30 Minuten
Pro Portion ca. 621 kcal/2602 kJ, 22 g E, 43 g F, 38 g KH

Broccolitarte

Für 4 Portionen:

Für den Mürbeteig:
Zutaten siehe Seite 12/13
Für den Belag:
ca. 800 g Tk-Broccoli
etwas Jodsalz
250 g süße Sahne
3 Eier
etwas frisch gemahlener schwarzer Pfeffer
etwas edelsüßes Paprikapulver
etwas geriebene Muskatnuß
50 g magerer roher Schinkenspeck, klein gewürfelt
70 g geriebener Emmentaler
Außerdem:
etwas Weizenmehl zum Ausrollen
etwa 500 g Hülsenfrüchte und Butterbrotpapier für das Blindbacken

1. Den Mürbeteig zubereiten und kühl stellen (Beschreibung siehe Seite 12/13).
2. In der Zwischenzeit den Broccoli in reichlich Salzwasser bißfest kochen. Anschließend abgießen und gut abtropfen lassen.
3. Sahne und Eier verquirlen und das Ganze mit Salz, Pfeffer, Paprikapulver und Muskatnuß kräftig abschmecken. Dann die langen Stiele vom Broccoli abschneiden und anderweitig verwerten.
4. Den Ofen auf 200°C vorheizen. Eine Arbeitsfläche dünn mit Mehl bestäuben und den Teig zu einer runden Platte von etwa 32 cm Ø ausrollen.
5. Eine runde Form (ca. 26 cm Ø) mit dem Teig auskleiden und den Boden mit einer Gabel mehrmals einstechen.
6. Das Ganze mit Butterbrotpapier belegen und die Hülsenfrüchte gleichmäßig darauf verteilen. Den Boden auf der zweiten Schiene von unten in den Ofen schieben und etwa 25 Minuten blindbacken.
7. Den Boden aus dem Ofen nehmen. Hülsenfrüchte und Papier entfernen. Die Broccoliröschen darauf verteilen. Die Schinkenspeckwürfel in die Zwischenräume geben. Die Sahne-Eier-Mischung darübergießen.
8. Die Tarte auf der zweiten Schiene von unten in den Ofen schieben und etwa 30 Minuten backen. Etwa 5 Minuten vor Ende der Backzeit den Käse auf der Tarte verteilen.

Zubereitungszeit: ca. 50 Minuten
Zeit zum Kühlen: ca. 60 Minuten
Backzeit: ca. 55 Minuten
Pro Portion ca. 819 kcal/3433 kJ, 26 g E, 61 g F, 43 g KH

Wirsingquiche

Für 4 Portionen:

Für den Vollkornmürbeteig:
Zutaten siehe Seite 13
Für den Belag:
1 mittelgroßer Wirsingkopf (ca. 500 g)
etwas Jodsalz
1 mittelgroße Möhre (ca. 100 g)
10 g frischer Ingwer
1 Tl Sojasoße
100 g Frischkäse (Doppelrahmstufe)
150 g saure Sahne (10 % Fett)
3 Eier
1 Knoblauchzehe, durchgepreßt
etwas frisch gemahlener schwarzer Pfeffer
etwas Sesamöl
Außerdem:
etwas Weizenmehl zum Ausrollen
etwa 500 g Hülsenfrüchte und Butterbrotpapier zum Blindbacken

1. Den Vollkornmürbeteig zubereiten und anschließend kühl stellen (Beschreibung siehe Seite 13).
2. In der Zwischenzeit den Wirsing putzen, in Achtel schneiden und diese quer in etwa 1 cm breite Streifen schneiden. Die Wirsingstreifen in wenig Salzwasser etwa 3 Minuten dünsten, gut abtropfen lassen.
3. Die Möhre und den Ingwer schälen und fein raspeln. Den Backofen auf 200°C vorheizen. Eine Arbeitsfläche dünn mit Mehl bestäuben. Den Mürbeteig zu einer Platte von etwa 32 cm Ø ausrollen, eine Form (ca. 26 cm Ø) damit auskleiden.
4. Den Teigboden mit einer Gabel mehrmals einstechen, mit Butterbrotpapier belegen und die Hülsenfrüchte gleichmäßig darauf verteilen. Den Boden auf der zweiten Schiene von unten in den Ofen schieben und etwa 15 Minuten blindbacken.
5. In der Zwischenzeit den Wirsing mit der Sojasoße mischen. Frischkäse, Sahne und

Eier verquirlen und mit Salz, Knoblauch und Pfeffer würzen. Möhre und Ingwer darunterrühren.

6. Den Boden aus dem Ofen nehmen, Hülsenfrüchte und Papier entfernen. Den Wirsing auf dem Teigboden verteilen und die Frischkäsemasse darübergießen. Alles mit ein wenig Öl beträufeln.

7. Die Wirsingquiche auf der zweiten Schiene von unten in den Ofen schieben und etwa 30 Minuten backen.

Zubereitungszeit: ca. 50 Minuten
Zeit zum Kühlen: ca. 60 Minuten
Backzeit: ca. 45 Minuten
Pro Portion ca. 604 kcal/2524 kJ, 19 g E, 41 g F, 38 g KH

Variation 1

Etwa 50 g mageres Dörrfleisch in etwa 1 cm große Würfel schneiden, leicht anbraten und unter den Wirsing mischen.

Variation 2

Nur etwa 300 g Wirsing nehmen und ihn mit 200 g scharf angebratenem Lammhackfleisch mischen. Den Guß mit Kümmelpulver abschmecken.

Variation 3

2 Tomaten enthäuten, entkernen und in kleine Würfel schneiden. Die Tomatenwürfel zusammen mit der geraspelten Möhre unter den gedünsteten Wirsing mischen. Den Guß dann mit etwa 3 Eßlöffeln feingehackter Petersilie würzen und den Ingwer weglassen.

Variation 4

Etwa 150 g frisches Lachsfilet kalt abspülen, trockentupfen, in etwa 1 cm große Würfel schneiden und auf den Wirsing geben.

Rosenkohlquiche

Für 4 Portionen:

Für den Mürbeteig:
Zutaten siehe Seite 12/13
Für den Belag:
500 g kleine frische Rosenkohlröschen
etwas Jodsalz
230 g saure Sahne (10 % Fett)
3 Eier
3 gestr. Tl Speisestärke
etwas frisch gemahlener schwarzer Pfeffer
etwas edelsüßes Paprikapulver
etwas geriebene Muskatnuß
50 g magerer roher Schinkenspeck, klein gewürfelt
2 El frisch gehackte Walnußkerne
60 g geriebener Greyerzer
Außerdem:
etwas Weizenmehl zum Ausrollen
etwa 500 g Hülsenfrüchte und Butterbrotpapier für das Blindbacken

1. Den Mürbeteig zubereiten und kühl stellen (Beschreibung siehe Seite 12/13).
2. In der Zwischenzeit den Rosenkohl putzen und in reichlich Salzwasser bißfest kochen. Anschließend abgießen und gut abtropfen lassen.
3. Sahne, Eier und Speisestärke verquirlen und das Ganze mit Salz, Pfeffer, Paprikapulver und Muskatnuß kräftig abschmecken. Den Ofen auf 200°C vorheizen.
4. Eine Arbeitsfläche dünn mit Mehl bestäuben und den Teig zu einer runden Platte von etwa 32 cm Ø ausrollen. Eine Form (ca. 26 cm Ø) mit dem Teig auskleiden. Den Boden mit einer Gabel mehrmals einstechen.
5. Das Ganze mit Butterbrotpapier belegen und die Hülsenfrüchte gleichmäßig darauf verteilen. Den Boden auf der zweiten Schiene von unten in den Ofen schieben und etwa 25 Minuten blindbacken.
6. Den Boden aus dem Ofen nehmen. Hülsenfrüchte und Papier entfernen. Den Rosenkohl auf dem Teigboden verteilen. Schinkenspeck und Nüsse darübergeben. Die Sahnemischung darübergießen.
7. Die Quiche auf der zweiten Schiene von unten in den Ofen schieben und etwa 30 Minuten backen. Etwa 5 Minuten vor Ende der Backzeit den Käse auf der Quiche verteilen.

Zubereitungszeit: ca. 60 Minuten
Zeit zum Kühlen: ca. 60 Minuten
Backzeit: ca. 55 Minuten
Pro Portion ca. 724 kcal/3033 kJ, 23 g E, 50 g F, 45 g KH

Tip
Anstelle des frischen Rosenkohls können auf dem Teigboden auch etwa 400 g Tk-Ware verwendet werden. Die Zeit zum Vorgaren ist dann meist kürzer.

Weißkohl-kuchen

Für 4 Portionen:

Für den Quark-Öl-Teig:
Zutaten siehe Seite 14
Für den Belag:
400 g Weißkohl
etwas Jodsalz
2 mittelgroße Tomaten (ca. 130 g)
je 25 g schwarze und grüne Oliven, ohne Stein
100 g abgetropfter Schafkäse, in Öl, Knoblauch und Kräutern eingelegt
1 Bund frischer Thymian
250 g Ricotta (italienischer Frischkäse)
3 Eier
etwas frisch gemahlener schwarzer Pfeffer
Außerdem:
etwas Weizenmehl zum Ausrollen
etwas Öl für die Form (ca. 26 cm Ø)

1. Den Teig zubereiten und ruhen lassen (Beschreibung siehe Seite 14).
2. In der Zwischenzeit den Kohl putzen und dann in etwa 5 cm lange und 1 cm breite Streifen schneiden. Den Kohl in wenig Salzwasser in einem geschlossenen Topf etwa 5 Minuten dünsten. Ihn anschließend gut abtropfen lassen.
3. Die Tomaten waschen, achteln, dabei den Stielansatz herausschneiden und die Kerne herausstreichen. Die Tomatenachtel in kleine Stücke, die Oliven in dünne Ringe und den Käse in etwa 1 cm große Würfel schneiden.
4. Den Backofen auf 200°C vorheizen. Den Thymian waschen und die Blättchen abzupfen. Den Ricotta und die Eier verrühren und mit Salz und Pfeffer kräftig würzen. Alle Zutaten vorsichtig unter die Ricottamasse heben.
5. Eine Arbeitsfläche dünn mit Mehl bestäuben. Den Teig zu einer Platte von 31 cm Ø ausrollen. Die Form ausfetten und mit dem Teig auskleiden.
6. Die Ricotta-Gemüse-Masse darauf verstreichen. Den Kuchen auf der zweiten Schiene von unten in den Ofen schieben und etwa 30 Minuten backen.

Zubereitungszeit: ca. 60 Minuten
Zeit zum Ruhen: ca. 20 Minuten
Backzeit: ca. 30 Minuten
Pro Portion ca. 534 kcal/2236 kJ, 25 g E, 31 g F, 37 g KH

Zwiebelkuchen

Für 4 Portionen:

Für den Quark-Öl-Teig:
Zutaten siehe Seite 14
Für den Belag:
70 g mageres Dörrfleisch
400 g Gemüsezwiebeln
1 El Öl
300 g saure Sahne (10 % Fett)
3 Eier
1 Tl Speisestärke
etwas Jodsalz
etwas frisch gemahlener Pfeffer
etwa 1 Tl Kümmel
Außerdem:
etwas Weizenmehl zum Ausrollen
etwas Öl für die Form (ca. 26 cm Ø)

1. Den Quark-Öl-Teig zubereiten und ruhen lassen (Beschreibung siehe Seite 14).
2. Das Dörrfleisch in etwa 1 cm große Würfel schneiden und anschließend in einer Pfanne anbraten.
3. Die Zwiebeln schälen und in dünne Ringe schneiden. Das Dörrfleisch aus der Pfanne nehmen, das Öl in die Pfanne geben, erhitzen und die Zwiebeln darin glasig dünsten.
4. Den Backofen auf 200°C vorheizen. Eine Arbeitsfläche dünn mit Mehl bestäuben. Den Teig zu einer runden Platte von 31 cm Ø ausrollen. Die Form ausfetten und mit dem Teig auskleiden.
5. Saure Sahne, Eier und Stärke gut verquirlen und mit Salz, Pfeffer und Kümmel würzen.
6. Die Zwiebeln auf dem Teig verteilen und den Guß darübergießen. Den Kuchen auf der zweiten Schiene von unten in den Backofen schieben und etwa 35 Minuten backen.

Zubereitungszeit: ca. 50 Minuten
Zeit zum Ruhen: ca. 20 Minuten
Backzeit: ca. 35 Minuten
Pro Portion ca. 579 kcal/2422 kJ, 17 g E, 39 g F, 40 g KH

Quiche Lorraine

Für 4 Portionen:

Für den Mürbeteig:
Zutaten siehe Seite 12/13
Für den Belag:
100 g durchwachsener Speck
1 Tl Butter
250 g süße Sahne
3 Eier
etwas Jodsalz
etwas frisch gemahlener schwarzer Pfeffer
100 g fein geriebener Emmentaler
Außerdem:
etwas Weizenmehl zum Ausrollen
500 g Hülsenfrüchte und Butterbrotpapier zum Blindbacken

1. Den Mürbeteig zubereiten und kühl stellen (Beschreibung siehe Seite 12/13).
2. Den Speck in etwa 1 cm große Würfel schneiden und in der Butter langsam ausbraten. Die Würfel anschließend auf Küchenkrepp abtropfen lassen.
3. Den Backofen auf 200°C vorheizen. Eine Arbeitsfläche dünn mit Mehl bestäuben. Den Mürbeteig zu einer Platte von 34 cm Ø ausrollen und eine Form (ca. 28 cm Ø) damit auskleiden. Den Boden mit einer Gabel mehrmals einstechen.
4. Das Ganze mit Butterbrotpapier belegen und die Hülsenfrüchte gleichmäßig darauf verteilen. Den Boden auf der zweiten Schiene von unten in den Ofen schieben und etwa 20 Minuten blindbacken.
5. In der Zwischenzeit Sahne und Eier verquirlen und die Masse mit Salz und Pfeffer nicht zu kräftig abschmecken. Den Käse darunterheben.
6. Den Boden aus dem Ofen nehmen. Hülsenfrüchte und Papier entfernen. Die Speckwürfel auf dem Boden verteilen und die Sahnemasse darübergießen.
7. Die Quiche auf der zweiten Schiene von unten in den Ofen schieben und etwa 25 Minuten backen.

Zubereitungszeit: ca. 40 Minuten
Zeit zum Kühlen: ca. 60 Minuten
Backzeit: ca. 45 Minuten
Pro Portion ca. 888 kcal/3716 kJ, 21 g E, 73 g F, 40 g KH

Variation

Wer mag, kann etwa 3 El Schnittlauchröllchen oder 2 feingewürfelte, gedünstete Zwiebeln unter die Sahnemasse heben.

Sauerkrautkuchen

Für 4 Portionen:

Für den Quark-Öl-Teig:
Zutaten siehe Seite 14
Für den Belag:
50 g mageres Dörrfleisch
1 rote Paprikaschote (ca. 140 g)
1 mittelgroße Zwiebel, fein gewürfelt
etwas frisch gemahlener schwarzer Pfeffer
2 Tl mildes Paprikapulver
150 g Kasseler, am Stück
1 Dose Sauerkraut (520 g EW)
1 Tl Kümmelsamen
300 g Schmand (24 % Fett)
3 Eier
etwas Jodsalz
1 Tl Speisestärke
50 g fein geriebener Pecorino oder ein anderer Hartkäse aus Schafmilch
Außerdem:
etwas Weizenmehl zum Ausrollen
etwas Öl für die Form (ca. 26 cm Ø)

1. Den Quark-Öl-Teig zubereiten und ruhen lassen (Beschreibung siehe Seite 14).
2. In der Zwischenzeit das Dörrfleisch in etwa 1 cm große Würfel schneiden und ausbraten lassen. Die Paprikaschote putzen und in etwa 1 cm große Würfel schneiden.
3. Die Zwiebel zum Dörrfleisch geben. Alles so lange braten, bis die Zwiebel leicht gebräunt ist. Dann die Paprikawürfel dazugeben und kurz unter Rühren mitbraten. Das Ganze von der Herdplatte nehmen, pfeffern und mit etwa 1 Tl Paprikapulver mischen.
4. Das Kasseler in etwa 1 cm große Würfel schneiden. Den Backofen auf 200°C vorheizen. Das Sauerkraut abtropfen lassen.
5. Eine Arbeitsfläche dünn mit Mehl bestäuben. Den Teig zu einer runden Platte von etwa 31 cm Ø ausrollen. Die Form ausfetten und mit dem Teig auskleiden. Den Boden mit etwas Kümmel bestreuen.
6. Das Sauerkraut auseinanderzupfen, auf dem Boden verteilen und mit etwas Kümmel bestreuen. Die Kasselerwürfel darauf verteilen und die Zwiebel-Paprika-Mischung darübergeben.
7. Den Schmand die Eier und die Stärke verquirlen, mit Salz, Pfeffer und Paprikapulver abschmecken. Den Guß über den Kuchen gießen.
8. Den Kuchen auf der zweiten Schiene von unten in den Ofen schieben und etwa 30 Minuten backen. Den Käse etwa 5 Minuten vor Ende der Backzeit über den Kuchen streuen.

Zubereitungszeit: ca. 50 Minuten
Zeit zum Ruhen: ca. 20 Minuten
Backzeit: ca. 30 Minuten
Pro Portion ca. 685 kcal/2865 kJ, 26 g E, 47 g F, 38 g KH

Kichererbsenquiche

Für 4 Portionen:

Für den Vollkornmürbeteig:
Zutaten siehe Seite 13
2 kleine Zucchini (ca. 350 g)
ca. 260 g Kichererbsensprossen (aus ca. 100 g getrockneten Kichererbsen gezogen)
1 Frühlingszwiebel
etwas Jodsalz
150 g saure Sahne (10 % Fett)
100 ml Vollmilch
3 Eier
1 Tl Speisestärke
frisch gemahlener Pfeffer
frisch gemahlener Koriander
2 Tl Currypulver
1 Tl Zimtpulver
1 Zweig frischer Koriander, Blätter in feine Streifen geschnitten
30 g fein geriebener alter Gouda
Außerdem:
Weizenmehl zum Ausrollen
etwa 500 g Hülsenfrüchte und Butterbrotpapier zum Blindbacken

1. Den Mürbeteig zubereiten und kühl stellen (Beschreibung siehe Seite 13).

2. Den Backofen auf 200°C vorheizen. Eine Arbeitsfläche dünn mit Mehl bestäuben. Den Mürbeteig zu einer Platte von 34 cm Ø ausrollen und eine Form (ca. 28 cm Ø) damit auskleiden. Den Boden mit einer Gabel mehrmals einstechen. Butterbrotpapier darauf legen und die Hülsenfrüchte darauf verteilen. Den Boden etwa 15 Minuten blindbacken.

3. In der Zwischenzeit die Zucchini putzen und in etwa 1 cm große Würfel schneiden. Die Sprossen mit kaltem Wasser abbrausen. Die Frühlingszwiebel putzen und in feine Ringe schneiden.

4. Die Zucchiniwürfel und die Sprossen in reichlich Salzwasser 4 bis 5 Minuten blanchieren. Anschließend aus dem Wasser herausnehmen und gut abtropfen lassen. Zucchini, Sprossen und Frühlingszwiebeln mischen.

5. Saure Sahne, Milch, Eier und Stärke verquirlen und die Masse mit Salz, Pfeffer, Koriander, Currypulver und Zimtpulver abschmecken. Die Korianderblätter darunterrühren.

6. Den Boden aus dem Ofen nehmen. Hülsenfrüchte und Papier entfernen. Das Gemüse auf den Teig legen und die Sahnemasse darübergießen.

7. Die Quiche auf der zweiten Schiene von unten in den Ofen schieben und etwa 30 Minuten backen. Nach der Hälfte der Backzeit den Käse darüberstreuen.

Zubereitungszeit: ca. 45 Minuten
Zeit zum Kühlen: ca. 60 Minuten
Backzeit: ca. 45 Minuten
Pro Portion ca. 549 kcal/2299 kJ, 21 g E, 34 g F, 39 g KH

Champignon-quiche

Für 4 Portionen:

Für den Blätterteig:
ca. 350 g Tk-Blätterteig
Für den Belag:
600 g mittelgroße frische Champignons
1 mittelgroße Zwiebel
1 El Olivenöl oder Sesamöl
etwas Jodsalz
250 g Quark (40 % Fett i.Tr.)
150 ml Vollmilch
4 Eier
1 Tl Speisestärke
1 Päckchen Tk-8-Kräuter (Mischung heimischer Kräuter)
etwas frisch gemahlener schwarzer Pfeffer
2 Tl Currypulver
100 g geriebener alter Gouda
Außerdem:
etwas Weizenmehl zum Ausrollen
etwas Butter für die Form (ca. 28 cm Ø)

1. Die Blätterteigscheiben abbürsten und auftauen lassen.
2. In der Zwischenzeit die Champignons putzen und vierteln. Die Zwiebel schälen, fein würfeln und im Oliven- oder Sesamöl andünsten. Die Pilze dazugeben und unter Rühren etwa 5 Minuten scharf braten, dabei etwas salzen. Die Pilze anschließend abtropfen lassen.
3. Den Backofen auf 220°C vorheizen. Quark, Milch, Eier und Stärke verquirlen und die Kräuter darunterrühren. Diese Masse mit Salz, Pfeffer und Currypulver kräftig abschmecken.
4. Eine Arbeitsfläche dünn mit Mehl bestäuben. Die Blätterteigscheiben übereinanderlegen und zu einem Quadrat von 34 cm ausrollen. Die Form ausfetten und mit dem Teig auskleiden. Überstehende Teigreste abschneiden und anderweitig verwenden.
5. Die Champignons auf dem Teig verteilen, die Quark-Eier-Masse darübergießen und den Käse darüberstreuen.
6. Die Quiche auf der zweiten Schiene von unten in den Backofen schieben und etwa 35 Minuten backen.

Zubereitungszeit: ca. 40 Minuten
Backzeit: ca. 35 Minuten
Pro Portion ca. 695 kcal/2908 kJ, 29 g E, 47 g F, 39 g KH

Austernpilz-quiche

Für 4 Portionen:

Für den Blätterteig:
ca. 350 g Tk-Blätterteig
Für den Belag:
400 g frische Austernpilze
4 Frühlingszwiebeln
40 g magerer roher Schinken-speck
1 1/2 El Knoblauchöl
3 frische Knoblauchzehen, fein gehackt
etwas frisch gemahlener weißer Pfeffer
170 g Frischkäse (Rahmstufe)
4 El Vollmilch, 3 Eier
etwas Jodsalz
etwas edelsüßes Paprikapulver
3 El fein gehackter Thymian
etwas Eigelb
2 El fein geriebener Parmesan
Außerdem:
etwas Weizenmehl zum Aus-rollen
etwas Öl für die Form
(ca. 26 cm Ø)

1. Die Teigplatten abbürsten und auftauen lassen. In der Zwischenzeit die Pilze putzen und in etwa 3 x 3 cm große Stücke schneiden.

2. Die Frühlingszwiebeln putzen und in dünne Ringe schneiden. Den Speck fein würfeln.

3. Die Pilze im heißen Öl unter Rühren etwa 4 Minuten scharf braten und anschließend abtropfen lassen. Zwiebeln, Speck und Knoblauch in die Pfanne geben und kurz anbraten. Die Pilze dazugeben, alles mischen, pfeffern und abkühlen lassen.

4. Den Ofen auf 220°C vorheizen. Frischkäse, Milch und Eier verquirlen. Das Ganze mit Salz, Peffer und Paprikapulver abschmecken. Den Thymian darunterrühren.

5. Eine Arbeitsfläche dünn mit Mehl bestäuben, die Teigplatten übereinanderlegen und zu einem Quadrat von etwa 31 cm ausrollen.

6. Die Form ausfetten und mit dem Teig auskleiden. Die überstehenden Ränder abschneiden und aus den Teigresten 8 runde Plätzchen von knapp 4 cm Ø ausstechen.

7. Die Pilzmischung auf dem Teigboden verteilen und die Frischkäsemasse darübergießen. Die Quiche auf der zweiten Schiene von unten in den Ofen schieben und etwa 30 Minuten backen.

8. Inzwischen die Teigplätzchen mit etwas Eigelb bestreichen und mit dem Parmesan bestreuen. Etwa nach der Hälfte der Backzeit die Plätzchen auf die Quiche setzen.

Zubereitungszeit: ca. 60 Minuten
Backzeit: ca. 30 Minuten
Pro Portion ca. 712 kcal/2981 kJ, 23 g E, 53 g F, 36 g KH

Exotische Quiche

Für 4 Portionen:

Für den Quark-Öl-Teig:
Zutaten siehe Seite 14
Für den Belag:
200 g süße Sahne
1 El Kokosflocken
3 Eier
1/2 reife Banane
2 El Zitronensaft
1/2 reife Mango (ca. 180 g)
2 abgetropfte Ananasscheiben aus der Dose, ungezuckert (ca. 60 g)
1 kl. reifer Pfirsich (ca. 90 g)
etwas Jodsalz, schwarzer Pfeffer, Cayennepfeffer
ca. 1/2 Tl Currypulver
200 g Hähnchenbrustfilets
1 Tl Erdnußöl
Außerdem:
Weizenmehl zum Ausrollen
Öl für die Form (ca. 26 cm Ø)

1. Den Quark-Öl-Teig zubereiten und ruhen lassen (Beschreibung siehe Seite 14).
2. In der Zwischenzeit Sahne, Kokosflocken und Eier verquirlen. Die Banane schälen und zusammen mit dem Zitronensaft fein zerdrücken. Das Ganze unter die Sahnemischung geben.
3. Die Mango schälen und mit einem Kugelausstecher kleine Kugeln ausstechen oder die Frucht einfach in etwa 1 1/2 cm große Würfel schneiden. Die Ananas in Stücke schneiden. Den Pfirsich waschen, entsteinen und in etwa 1 1/2 cm große Würfel schneiden.
4. Den Ofen auf 200°C vorheizen. Die Sahnemischung mit Salz, Pfeffer, Cayennepfeffer und Currypulver scharf abschmecken.
5. Das Hähnchenfleisch kalt abspülen, trockentupfen, quer in etwa 1/2 cm breite Streifen schneiden, in dem Öl von allen Seiten scharf anbraten und abkühlen lassen.
6. Eine Arbeitsfläche dünn mit Mehl bestäuben und den Teig zu einer runden Platte von etwa 32 cm Ø ausrollen. Die Form ausfetten und mit dem Teig auskleiden.
7. Die Hähnchenstreifen auf dem Boden verteilen und mit etwas Salz und Cayennepfeffer bestreuen. Die Früchte darauf verteilen und die Sahnemischung darübergeben.
8. Die Quiche auf der zweiten Schiene von unten in den Ofen schieben und etwa 30 Minuten backen.

Zubereitungszeit: ca. 60 Minuten
Zeit zum Ruhen: ca. 20 Minuten
Backzeit: ca. 30 Minuten
Pro Portion ca. 602 kcal/2520 kJ, 27 g E, 34 g F, 46 g KH

Pikante Birnentarte

Für 4 Portionen:

Für den Blätterteig:
ca. 350 g Tk-Blätterteig
Für den Belag:
4 Birnen (ca. 720 g)
1/8 l trockener Weißwein
Saft von 1 Zitrone
1 Frühlingszwiebel
150 g dänischer Edelpilzkäse (60 % Fett i.Tr.)
200 g süße Sahne
3 Eier
etwas Jodsalz
je etwas frisch gemahlener Pfeffer, Koriander und Piment
1 Bund Blattpetersilie, grob gehackt
Außerdem:
etwas Weizenmehl zum Ausrollen
etwas Butter für die Form (ca. 28 cm Ø)

1. Die Blätterteigscheiben abbürsten und auftauen lassen.
2. In der Zwischenzeit die Birnen waschen, schälen, vierteln und die Kerngehäuse entfernen. Die Birnen in Wein und Zitronensaft etwa 5 Minuten dünsten. Die Garzeit richtet sich nach dem Reifegrad der Birnen. Sie müssen auf jeden Fall bißfest bleiben.
3. Den Backofen auf 220°C vorheizen. Die Frühlingszwiebel putzen und in dünne Ringe schneiden.
4. Eine Arbeitsfläche dünn mit Mehl bestäuben. Die Blätterteigscheiben übereinanderlegen und zu einem 34 cm großen Quadrat ausrollen. Die Form ausfetten und mit dem Teig auskleiden. Den überstehenden Teig abschneiden und anderweitig verwenden.
5. Die Birnen gut abtropfen lassen und auf dem Blätterteig anordnen. Den Käse darüberbröseln. Die Sahne und die Eier verquirlen, mit den Gewürzen abschmecken und über die Birnen und den Käse geben. Die Frühlingszwiebel darüberstreuen.
6. Die Tarte auf der zweiten Schiene von unten in den Backofen schieben und etwa 35 Minuten backen. Ungefähr 5 Minuten vor Ende der Backzeit die Petersilie über die Tarte streuen.

Zubereitungszeit: ca. 60 Minuten
Backzeit: ca. 30 Minuten
Pro Portion ca. 842 kcal/3522 kJ, 20 g E, 58 g F, 57 g KH

Variation

Wer es gern ein wenig herzhafter mag, sollte 6 dünne Scheiben Frühstücksspeck kroß braten und unter die Birnen legen.

Gemüse-Lamm-Quiche

Für 4 Portionen:

Für den Quark-Öl-Teig:
Zutaten siehe Seite 14
Für den Belag:
3 mittelgroße Möhren (ca. 160 g)
100 g Bleichsellerie
300 g Lammhackfleisch
1 El Olivenöl
1/2 Zwiebel, fein gehackt
2 El Gemüsebrühe
etwas Jodsalz
etwas frisch gemahlener schwarzer Pfeffer
etwas Cayennepfeffer
knapp 1 gestr. Tl Zimt
300 g saure Sahne
3 Eier
2 gestr. Tl Speisestärke
2 mittelgroße reife Tomaten (ca. 200 g)
Außerdem:
etwas Weizenmehl zum Ausrollen
etwas Öl für die Form (ca. 26 cm Ø)

1. Den Quark-Öl-Teig zubereiten und ruhen lassen (Beschreibung siehe Seite 14).
2. In der Zwischenzeit die Möhren putzen und möglichst kleine Würfel schneiden. Den Sellerie putzen und ebenfalls in kleine Stückchen schneiden.
3. Das Hackfleisch in einer Pfanne mit Deckel im heißen Öl krümelig anbraten. Möhren, Sellerie und Zwiebel dazugeben und kurz mitbraten.
4. Die Gemüsebrühe hineingeben und das Ganze bei geschlossener Pfanne und auf kleiner Flamme so lange dünsten, bis das Gemüse bißfest ist. Am Schluß den Deckel abnehmen, damit die gesamte Flüssigkeit verdampft.
5. Die Hackfleisch-Gemüse-Mischung mit Salz, Pfeffer, Cayennepfeffer und etwa 1/2 Tl Zimt kräftig abschmecken und abkühlen lassen.
6. Den Ofen auf 200°C vorheizen. Sahne, Eier und Spei-

sestärke verquirlen und ebenfalls mit Salz, Pfeffer, Cayennepfeffer und etwas Zimt abschmecken.

7. Die Tomaten waschen, Stielansätze herausschneiden und die Tomaten quer in 8 Scheiben schneiden.

8. Eine Arbeitsfläche dünn mit Mehl bestäuben und den Teig zu einer runden Platte von etwa 32 cm Ø ausrollen. Die Form ausfetten und mit dem Teig auskleiden.

9. Die Hackfleisch-Gemüse-Mischung auf dem Boden verteilen und die Sahnemischung darübergeben. Die Tomaten darauf legen und mit etwas Pfeffer sowie einem Hauch Zimt bestreuen.

10. Die Quiche auf der zweiten Schiene von unten in den Ofen schieben und etwa 30 Minuten backen.

Zubereitungszeit: ca. 65 Minuten
Zeit zum Ruhen: ca. 20 Minuten
Backzeit: ca. 30 Minuten
Pro Portion ca. 621 kcal/2599 kJ, 29 g E, 39 g F, 38 g KH

Variation 1

Statt des Quark-Öl-Teiges paßt auch gut ein Blätterteig

Variation 2

Wer Zimt nicht mag, kann auf ihn verzichten. Den Sahneguß zusätzlich mit etwa 1 1/2 El frisch gehackter Blattpetersilie verrühren.

Variation 3

Zimt weglassen und etwa 2 El frisch gehackte Thymian- oder Majoranblättchen unter die Hackfleisch-Gemüse-Mischung geben. Auch beim Sahneguß und auf den Tomaten den Zimt weglassen. Die Tomatenscheiben können auch gegen schmale Streifen einer roten Paprikaschote ausgetauscht werden. Man benötigt etwa 1/2 große Paprikaschote.

Spitzkohltarte

Für 4 Portionen:

Für den Quark-Öl-Teig:
Zutaten siehe Seite 14
Für den Belag:
300 g Spitzkohl
etwas Jodsalz
1 El Öl
200 g Rinderhackfleisch
etwas frisch gemahlener schwarzer Pfeffer
etwas Cayennepfeffer
100 g Frischkäse (Rahmstufe)
150 g saure Sahne (10 % Fett)
3 Eier
1 Knoblauchzehe, durchgepreßt
1 Tl Kümmelsamen
2 El fein gehackter Majoran
Außerdem:
Weizenmehl zum Ausrollen
Öl für die Form (ca. 28 cm Ø)

1. Den Quark-Öl-Teig zubereiten und ruhen lassen (Beschreibung siehe Seite 14).
2. Den Kohl putzen, vierteln und in etwa 1 cm breite Streifen schneiden. Ihn etwa 2 Minuten in Salzwasser blanchieren und anschließend abtropfen lassen.
3. Das Öl erhitzen, das Fleisch darin krümelig braten, mit Salz, Pfeffer und Cayennepfeffer würzen.
4. Den Backofen auf 200°C vorheizen. Eine Arbeitsfläche dünn mit Mehl bestäuben, den Teig zu einer Platte von etwa 33 cm Ø ausrollen. Eine Form ausfetten und mit dem Teig auskleiden.
5. Frischkäse, Sahne und Eier verquirlen und mit Salz, Pfeffer, Knoblauch, Kümmel und Majoran würzen. Dann den Kohl und das Hackfleisch auf dem Teig verteilen und die Frischkäsemasse darübergießen.
6. Die Tarte auf der zweiten Schiene von unten in den Ofen schieben und etwa 30 Minuten backen.

Zubereitungszeit: ca. 50 Minuten
Zeit zum Ruhen: ca. 20 Minuten
Backzeit: ca. 30 Minuten
Pro Portion ca. 570 kcal/2382 kJ, 28 g E, 34 g F, 36 g KH

Hackfleisch-Zucchini-Tarte

Für 4 Portionen:

Für den Quark-Öl-Teig:
Zutaten siehe Seite 14
Für den Belag:
300 g kleine Zucchini
etwas Jodsalz
300 g Hackfleisch halb und halb
1 El Olivenöl
1 fein gewürfelte Zwiebel
1 Knoblauchzehe, durchgepreßt
etwas frisch gemahlener schwarzer Pfeffer
etwas edelsüßes Paprikapulver
120 g abgetropfter Schafkäse, in Lake eingelegt
200 g saure Sahne (10 % Fett)
2 Eier
2 El fein geschnittenes frisches Oregano
Außerdem:
etwas Weizenmehl zum Ausrollen
etwas Öl für die Form (ca. 26 cm Ø)

1. Den Teig zubereiten und ruhen lassen (Beschreibung siehe Seite 14).
2. In der Zwischenzeit die Zucchini in 2 cm dicke Stücke schneiden und etwa 10 Minuten in wenig Salzwasser dünsten. Die Stücke gut abtropfen lassen.
3. Das Hackfleisch im Öl krümelig braten, dann die Zwiebel und den Knoblauch dazugeben und alles kurz weiterbraten. Das Fleisch mit Jodsalz, Pfeffer und Paprikapulver würzen.
4. Den Backofen auf 200°C vorheizen. Eine Arbeitsfläche dünn mit Mehl bestäuben. Den Teig zu einer runden Platte von 31 cm Ø ausrollen. Eine Form ausfetten und mit dem Teig auskleiden.
5. Die Zucchinistücke darauf legen und das Hackfleisch in den Zwischenräumen verteilen. Den Schafkäse darüberbröseln.
6. Die saure Sahne und die Eier verquirlen und die Masse mit Jodsalz, Pfeffer, Paprikapulver und dem frischen Oregano würzen. Sie anschließend über das Hackfleisch und die Zucchini gießen.
7. Die Tarte auf der zweiten Schiene von unten in den Ofen schieben und etwa 35 Minuten backen.

Zubereitungszeit: ca. 60 Minuten
Zeit zum Ruhen: ca. 20 Minuten
Backzeit: ca. 35 Minuten
Pro Portion ca. 631 kcal/2644 kJ, 32 g E, 40 g F, 35 g KH

Variation

Gut schmeckt die Tarte auch mit Hackfleisch vom Lamm.

Hähnchentarte

Für 4 Portionen:

Für den Mürbeteig:
Zutaten siehe Seite 12/13
Für den Belag:
350 g Hähnchenbrustfilets
2 El Öl
etwas Jodsalz
etwas frisch gemahlener schwarzer Pfeffer
Saft von 1 Zitrone
250 g frische Champignons
300 g saure Sahne (10 % Fett)
3 Eier
1 Tl milder grober französischer Senf (alt-französischer Senf)
3 El frische Thymianblättchen
Außerdem:
etwas Weizenmehl zum Ausrollen
etwa 500 g Hülsenfrüchte und Butterbrotpapier zum Blindbacken

1. Den Mürbeteig zubereiten und kühl stellen (Beschreibung siehe Seite 12/13).
2. Die Hähnchenfilets mit kaltem Wasser abspülen und mit Küchenpapier trockentupfen. Das Fleisch in 1 cm dicke Scheiben schneiden. Etwa 1 El Öl erhitzen und die Hähnchenstreifen darin unter Rühren anbraten. Sie anschließend herausnehmen, kräftig salzen, pfeffern, mit Zitronensaft beträufeln und alles gut mischen.
3. Den Backofen auf 200°C vorheizen. Eine Arbeitsfläche dünn mit Mehl bestäuben. Den Mürbeteig zu einer Platte von ca. 33 cm Ø ausrollen, in die Form (ca. 28 cm Ø) legen. Den Mürbeteigboden mit einer Gabel mehrmals einstechen.
4. Das Ganze mit Butterbrotpapier belegen und die Hülsenfrüchte gleichmäßig darauf verteilen. Den Boden auf der zweiten Schiene von unten in den Ofen schieben und etwa 20 Minuten blindbacken.
5. In der Zwischenzeit die Champignons putzen, in 1 cm dicke Scheiben schneiden und im restlichen Öl unter Rühren scharf braten. Die Pilze salzen, pfeffern und dann abtropfen lassen.
6. Saure Sahne, Eier und Senf verquirlen, die Masse mit Salz und Pfeffer würzen und mit dem Thymian verrühren.
7. Den Boden aus dem Ofen nehmen. Hülsenfrüchte und Papier entfernen. Das Hähnchenfleisch kurz abtropfen lassen, dann auf dem Boden verteilen. Die Pilze und den Sahneguß darübergeben.
8. Die Quiche auf der zweiten Schiene von unten in den Ofen schieben und etwa 30 Minuten backen.

Zubereitungszeit: ca. 60 Minuten
Zeit zum Kühlen: ca. 60 Minuten
Backzeit: ca. 50 Minuten
Pro Portion ca. 663 kcal/2773 kJ, 35 g E, 39 g F, 41 g KH

Geflügel-Mais-Quiche

Für 4 Portionen:

Für den Mürbeteig:
Zutaten siehe Seite 13
Für den Belag:
250 g Hähnchenbrustfilets oder Putenbrust
1 mittelgroße rote Paprikaschote (ca. 70 g)
1 kl. Dose Gemüsemais (285 g EW)
1 El Sonnenblumenöl
1 kl. Zwiebel, fein gewürfelt
etwas Jodsalz
frisch gemahlener schwarzer Pfeffer, Cayennepfeffer
150 g saure Sahne (10 % Fett)
100 g süße Sahne
1 Tl Speisestärke
3 Eier
1 Paket Tk-Italienische-Kräuter
50 g geriebener Emmentaler
Außerdem:
etwas Weizenmehl zum Ausrollen
etwa 500 g Hülsenfrüchte und Butterbrotpapier zum Blindbacken

1. Den Mürbeteig zubereiten und kühl stellen (Beschreibung siehe Seite 13).

2. In der Zwischenzeit das Geflügelfleisch mit kaltem Wasser abbrausen und mit Küchenpapier gut trockentupfen. Das Fleisch quer in etwa 1 cm dicke Scheiben schneiden. Die Paprikaschote putzen und in etwa 1 cm große Würfel schneiden. Den Mais abtropfen lassen.

3. Das Fleisch im heißen Öl von allen Seiten unter Rühren scharf braten. Die Zwiebel dazugeben und mitbraten. Anschließend Fleisch und Zwiebeln mit Salz, Pfeffer und Cayennepfeffer würzen. Das Fleisch aus dem Gargeschirr nehmen und die Paprikawürfel im verbleibenden Fett unter Rühren 3 bis 4 Minuten braten. Anschließend herausnehmen und in einem Sieb abtropfen lassen.

4. Den Backofen auf 200°C vorheizen. Eine Arbeitsfläche dünn mit Mehl bestäuben. Den Mürbeteig zu einer Platte von 33 cm Ø ausrollen und eine Form (ca. 28 cm Ø) damit auskleiden.

5. Den Boden mit einer Gabel mehrmals einstechen, mit Butterbrotpapier belegen und die Hülsenfrüchte darauf verteilen. Den Boden auf der zweiten Schiene von unten in den Ofen schieben und etwa 20 Minuten blindbacken.

6. Saure und süße Sahne, Stärke und Eier verquirlen und mit den Kräutern, Salz, Pfeffer und je nach Geschmack mit Cayennepfeffer würzen.

7. Nach dem Blindbacken die Hülsenfrüchte und das Butterbrotpapier entfernen. Das Hähnchenfleisch auf dem Boden verteilen. Die Paprikaschoten und den Mais darübergeben und die Sahnemasse vorsichtig darauf gießen.

8. Die Quiche auf der zweiten Schiene von unten in den Ofen schieben und etwa 30 Minuten backen. Nach der Hälfte der Backzeit den Käse darüberstreuen.

Zubereitungszeit: ca. 60 Minuten
Zeit zum Kühlen: ca. 60 Minuten
Backzeit: ca. 50 Minuten
Pro Portion ca. 744 kcal/3113 kJ, 34 g E, 45 g F, 51 g KH

Garnelen-quiche

Für 4 Portionen:

Für den Blätterteig:
ca. 350 g Tk-Blätterteig
Für den Belag:
250 g gegarte gepulte Riesengarnelen aus der Kühltheke
2 El Knoblauchöl (siehe Seite 21)
250 g süße Sahne
4 Eier
1 El Tomatenmark
4 Tl Speisestärke
Jodsalz, frisch gemahlener weißer Pfeffer, Cayennepfeffer
4 El fein gehackter Dill
etwas Eigelb
3 El geriebener mittelalter Gouda
Außerdem:
Weizenmehl zum Ausrollen
Öl für die Form (ca. 26 cm Ø)

1. Die Teigplatten abbürsten und auftauen lassen.
2. Die Garnelen kalt abspülen, trockentupfen und unter Rühren im heißen Öl einige Minuten lang scharf braten. Sie sollen dabei Flüssigkeit verlieren. Daran anschließend auf Küchenkrepp abtropfen lassen.
3. Den Ofen auf 220°C vorheizen. Sahne, Eier, Tomatenmark und Speisestärke verquirlen. Das Ganze mit Salz, Peffer und Cayennepfeffer kräftig abschmecken. Etwa 2 El Dill darunterrühren.
4. Eine Arbeitsfläche dünn mit Mehl bestäuben, die Teigplatten übereinanderlegen und zu einem Quadrat von gut 31 cm ausrollen.
5. Die Form ausfetten und mit dem Teig auskleiden. Die überstehenden Ränder abschneiden und aus den Teigresten 8 herzförmige Plätzchen ausstechen.
6. Die Garnelen pfeffern, mit 1 El Dill bestreuen, kurz wenden und auf dem Teigboden verteilen. Die Sahnemischung darübergießen.
7. Die Quiche auf der zweiten Schiene von unten in den Ofen schieben und etwa 30 Minuten backen.
8. Inzwischen die Teigplätzchen mit etwas Eigelb bestreichen und mit dem Käse bestreuen. Etwa nach der Hälfte der Backzeit die Plätzchen auf die Quiche setzen.
9. Die fertige Quiche aus dem Ofen nehmen und dann den restlichen Dill gleichmäßig über die Herzen streuen.

Zubereitungszeit: ca. 55 Minuten
Backzeit: ca. 30 Minuten
Pro Portion ca. 746 kcal/3123 kJ, 29 g E, 53 g F, 39 g KH

Thunfischtarte

Für 4 Portionen:

Für den Quark-Öl-Teig:
Zutaten siehe Seite 14
Für den Belag:
200 g Zucchini
etwas Jodsalz
2 Tomaten
70 g Magerquark
100 g Frischkäse (Rahmstufe)
2 Tl Speisestärke
etwas frisch gemahlener schwarzer Pfeffer
2 Dosen Thunfisch natur (300 g EW)
3 Eier
4 El gehackte Blattpetersilie
Außerdem:
etwas Weizenmehl zum Ausrollen
etwas Öl für die Form (ca. 26 cm Ø)

1. Den Quark-Öl-Teig zubereiten und ruhen lassen (Beschreibung siehe Seite 14).
2. In der Zwischenzeit die Zucchini putzen, längs halbieren und quer in etwa 1 cm breite Streifen schneiden. Die Zucchinischeiben in wenig Salzwasser etwa 5 Minuten dünsten. Die Zucchini anschließend gut abtropfen lassen.
3. Die Haut der Tomaten auf der runden Seite etwas einritzen. Die Tomaten dann kurz in kochendes Wasser legen, bis sich die Haut zu lösen beginnt. Die Früchte herausnehmen und die Haut abziehen. Die Tomaten achteln, die Kerne entfernen. Das Tomatenfleisch in etwa 1 cm breite Streifen schneiden.
4. Die Zucchini zusammen mit dem Quark und dem Frischkäse fein pürieren. Die Stärke darunterrühren und die Masse mit Salz und Pfeffer abschmecken.
5. Den Backofen auf 200°C vorheizen. Den Thunfisch abtropfen lassen. Die Eier unter die Zucchinimasse quirlen und die Petersilie darunterrühren.
6. Eine Arbeitsfläche dünn mit Mehl bestäuben. Den Teig zu einer Platte von etwa 32 cm Ø ausrollen. Die Form ausfetten und mit dem Teig auskleiden.
7. Den Thunfisch etwas auseinanderzupfen und auf dem Teig verteilen. Die Zucchinimasse darübergießen und alles mit den Tomatenspalten verzieren.
8. Die Tarte auf der zweiten Schiene von unten in den Backofen schieben und etwa 30 Minuten backen.

Zubereitungszeit: ca. 50 Minuten
Zeit zum Ruhen: ca. 20 Minuten
Backzeit: ca. 30 Minuten
Pro Portion ca. 587 kcal/2455 kJ, 36 g E, 33 g F, 37 g KH

Lachs-Spinat-Quiche

Für 4 Portionen:

Für den Blätterteig:
350 g Tk-Blätterteig
Für die Füllung:
450 g Tk-Blattspinat
300 g frisches Lachsfilet ohne Haut
250 g Ricotta (italienischer Frischkäse)
etwas Jodsalz
etwas frisch gemahlener schwarzer Pfeffer
etwas frisch geriebene Muskatnuß
4 Eier
200 g süße Sahne
4 El frisch geriebener Parmesan
Außerdem:
etwas Weizenmehl zum Ausrollen
etwas Butter für die Form (ca. 28 cm Ø)

1. Den Blätterteigscheiben abbürsten und auftauen lassen.
2. In der Zwischenzeit den Spinat in wenig Wasser kurz dünsten. Den Lachs kalt abspülen, trockentupfen und in Würfel schneiden. Den Backofen auf 220°C vorheizen.
3. Eine Arbeitsfläche dünn mit Mehl bestäuben. Die Blätterteigscheiben übereinanderlegen und zu einem 34 cm großen Quadrat ausrollen. Die Form ausfetten und mit dem Teig auskleiden. Den überstehenden Teig abschneiden und anderweitig verwenden.
4. Den Lachs auf dem Blätterteig verteilen. Den Blattspinat abtropfen lassen, ausdrücken, mit dem Ricotta mischen und mit Salz, Pfeffer und Muskatnuß würzen. Das Ganze über den Lachs geben.
5. Die Eier und die Sahne verquirlen, mit Salz, Pfeffer und Muskatnuß würzen und über die Füllung gießen.
6. Die Quiche auf der zweiten Schiene von unten in den Backofen schieben und etwa 40 Minuten backen. Den Käse kurz vor Ende der Backzeit über die Quiche geben.

Zubereitungszeit: ca. 40 Minuten
Backzeit: ca. 40 Minuten
Pro Portion ca. 852 kcal/3568 kJ, 41 g E, 61 g F, 36 g KH

Forellenquiche

Für 4 Portionen:

Für den Blätterteig:
ca. 350 g Tk-Blätterteig
Für den Belag:
300 g frische oder Tk-Erbsen
etwas Jodsalz
4 frische Forellenfilets (ca. 360 g)
etwas frisch gemahlener schwarzer Pfeffer
1 Tl mittelscharfer Senf
300 g süße Sahne
3 Eier
1 Bund fein gehackter Dill
70 g fein geriebener Parmesan
etwas frisch geriebene Muskatnuß
Außerdem:
etwas Weizenmehl zum Ausrollen
etwas Butter für die Form (ca. 26 cm Ø)

1. Die Teigplatten abbürsten und auftauen lassen.
2. In der Zwischenzeit die Erbsen in wenig Salzwasser etwa 3 Minuten dünsten. Dann gut abtropfen lassen.
3. Den Backofen auf 220°C vorheizen. Eine Arbeitsfläche dünn mit Mehl bestäuben. Die Teigplatten übereinanderlegen und zu einem Quadrat von 31 cm ausrollen.
4. Die Form ausfetten und mit dem Teig auskleiden. Die überstehenden Ränder abschneiden und anderweitig verwenden.
5. Die Forellenfilets unter kaltem Wasser abbrausen und mit Küchenpapier gut trockentupfen. Sie dann salzen, pfeffern und dünn mit Senf bestreichen.
6. Sahne, Eier, Dill und Parmesan verrühren und die Masse leicht mit Salz, Pfeffer und Muskatnuß abschmekken.
7. Die Erbsen auf dem Teig verteilen und vorsichtig etwas Sahnemasse angießen. Die Forellenfilets auf die Erbsen legen und die restliche Sahnemasse darübergießen.
8. Die Quiche auf der zweiten Schiene von unten in den Backofen schieben und etwa 30 Minuten backen.

Zubereitungszeit: ca. 40 Minuten
Backzeit: ca. 30 Minuten
Pro Portion ca. 881 kcal/3689 kJ, 42 g E, 60 g F, 45 g KH

Variation

Anstelle des Forellenfilets kann auch etwa 300 g Lachsfilet genommen werden. Da das Filet aber dicker und breiter als das der Forellen ist, empfiehlt es sich, das Lachsfilet nicht im Ganzen zu verwenden, sondern quer in etwa 1 cm dicke Streifen zu schneiden.

Lachs in Lachs

Wenn Sie Ihre Gäste mal zu einem ganz besonderen Eßvergnügen einladen möchten, ist dieses Motto genau das Richtige für Sie. Augen und Gaumen werden begeistert sein. Das Ganze ist zwar mit etwas Aufwand verbunden, doch die Mühe lohnt sich. Und eine Menge Lob dürfte Ihnen gewiß sein. Der folgende Menüvorschlag ist für 8 Personen vorgesehen. Viel Vergnügen beim Kochen und Genießen!

Die Einladungskarte

Bastelutensilien für 8 Karten:

1 Stück einfacher dünner Karton
1 Bogen blaue Wellpappe
8 lachsfarbene Klappkarten mit passenden Briefumschlägen
8 kleine lachsfarbene Knöpfe
blaues Nähgarn
Außerdem:
Bleistift, Klebstoff, Schere, Nähnadel und schwarzer Kalligraphiestift

Und so wird's gemacht:
1. Auf dem Karton einen Fisch entwerfen (ganz einfache Form), ausschneiden und auf die Rückseite der Wellpappe übertragen.
2. Die Fische ausschneiden, auf die Vorderseite der Karten kleben und gut trocknen lassen. Anschließend je einen Knopf als Auge annähen.
3. Die Karten mit einem persönlichen Einladungstext versehen. Verraten Sie Ihren Gästen das Motto, unter welchem das Festessen stehen wird. Das weckt die Neugierde.

Das Menü

Zum Einstimmen:
Lachsschiffchen (Pikante Törtchen mit Frischkäse Seite 43)
Die Vorspeise:
Zweifarbiger Blattsalat mit Zucchini und Melone (Seite 149), dazu Plätzchen (Seite 149)
Das Hauptgericht:
Gegrillter Kräuterlachs (Seite 150) mit Majorantomaten (Seite 149) und Schmand-Dill-Fladen (Seite 33)
Das Dessert:
Halbgefrorenes Aprikoseneis (Seite 151) auf Aprikosensauce (Seite 151)

Wenn es nicht so aufwendig sein soll, ...
... gekaufte pikante Plätzchen oder ein frisches Baguette zum Salat reichen.
... anstelle der Schmand-Dill-Fladen ein aufgebackenes Baguette mit Kräuterbutter zum Lachs reichen.
... ein fertiges Aprikoseneis servieren.

Die Getränke

Zum Aperitif
ein gut gekühlter, trockener Rosésekt oder ein roséfarbener Champagner
Zu Vorspeise und Hauptgang
ein trockener, fruchtiger Roséwein, z.B. ein Riviera del Garda Bresciano, außerdem gekühltes Mineralwasser, am besten ein spritziges und ein stilles
Zum Dessert
einen fein-süßen Dessertwein, z. B. eine Geisenheimer Rothenberg Beerenauslese
Zum Abschluß
Kaffee oder Espresso – eventuell eine koffeinfreie Sorte, denn herkömmlicher Kaffee ist am Abend nicht jedermanns Sache.

Die Tischdekoration

Sie hängt vom persönlichen Geschmack, vom vorhandenen Fundus an Dekorationselementen und davon ab, wieviel Geld man ausgeben möchte. Betrachten Sie die beschriebene Dekoration als einen Vorschlag, den Sie nach Ihren eigenen Vorstellungen abwandeln können.

Tischtuch
Ein Tischtuch in einem kräftigen, leuchtenden Blau auflegen, ganz gleich, ob es aus Stoff, Papier oder Lackfolie ist. Eine preisgünstige Variante wäre ein Stück Taft (Futterstoff).

Servietten
Lachsfarbene Stoff- oder Papierservietten aufrollen und locker mit leuchtendblauem Bast, Kordel oder Geschenkband umwickeln. Auch entsprechend zugeschnittene blaue Stoffreste (z.B. aus Taft) bieten sich dafür an. Einen nicht zu festen Knoten binden – und fertig ist die Sache.

Kerzen & Blumen
Falls der Eßtisch ausreichend groß ist, als Blickfang eine flache Glas- oder Porzellanschale mit Wasser füllen und blaue Schwimmkerzen sowie lachsfarbene Blüten (z.B. Rosen, Dahlien oder Gerbera) hineinsetzen. Wenn der Platz nicht ausreicht, sind einige lachsfarbene Kerzen in blauen oder weißen Kerzenständern vollkommen ausreichend.
Ein lachsfarbener Blumenstrauß oder einzelne Blüten in einer passend blauen Vase können auf einem Beistelltisch plaziert werden.

Kleinigkeiten
Im Grunde sind fast alle lachsfarbenen Dekorationselemente verwendbar, so z. B. Murmeln, Kugeln, angemalte Kieselsteine, Muscheln oder Bänder. Grenzen setzt hierbei lediglich die Größe der Objekte.

Eßgeschirr & Besteck

Wenn vorhanden, ein lachsfarbenes oder ein schlicht weißes Geschirr. Im einzelnen brauchen Sie:
1 große Servierplatte für die Lachsschiffchen
1 flache kleine Schüssel oder ein tiefer Teller für die Plätzchen
8 große Teller für den Salat
8 große flache Teller für den Fisch
8 mittelgroße Teller für das Dessert
In Sachen Besteck werden Gabel, Messer und Teelöffel benötigt. Wenn vorhanden, kann für den Hauptgang ein Fischbesteck aufgelegt werden. Soll das Besteck mit jedem Gang gewechselt werden, benötigt man pro Person 3 Sätze Messer und Gabeln.

Großes und kleines Weißweinglas sowie Sekt- und Wasserglas

Gläser & Tassen

8 Sektgläser
8 Weißweingläser
8 Wassergläser
8 Dessert- oder kleine Weißweingläser
8 Kaffee- oder Espressotassen

Arbeitsplan

1 Tag vor dem Festessen:
Einkaufen
Die Aprikosen für das Eis vorbereiten und einfrieren.
Mürbeteig zubereiten und die Hälfte des Teiges zu Plätzchen verbacken. Diese gut auskühlen lassen und anschließend in einer Metalldose aufbewahren.
Die Frischkäse-Kräuter-Masse herstellen und aus dem restlichen Mürbeteig die Schiffchen backen. Die Schiffchen leicht abkühlen lassen, aus den Förmchen nehmen und ganz auskühlen lassen. Den Lachs noch nicht darauf legen. Die Schiffchen in eine verschließbare Kunststoffdose legen und in den Kühlschrank stellen.
Den Lachs marinieren und ebenfalls in den Kühlschrank stellen.
Tischdekoration vorbereiten und Getränke einkühlen.
Am Tag des Festessens:
Am Morgen:
Aprikosensauce kochen und kaltstellen.
Salatsauce zubereiten.
Schmand-Dill-Guß für die Fladen zubereiten und gut verschlossen in den Kühlschrank stellen.
Die Majorantomaten vorbereiten und in die Folie einwickeln.
Am Nachmittag:
Salate und Kräuter putzen, waschen, trockenschleudern, in eine große verschließbare Kunststoffschüssel geben und kühlstellen.
Melonenkugeln ausstechen, in eine verschließbare Schüssel legen und in den Kühlschrank stellen.
Tisch decken.
1 1/2 Stunden vor dem Essen:
Brotteig zubereiten und gehen lassen.
1 Stunde bevor der Lachs gegrillt werden soll Grillfeuer anzünden und durchglühen lassen.
Wenn die Gäste da sind:
Ofen auf 180°C vorheizen. Lachsschiffchen etwa 5 Minuten lang im Ofen erwärmen, anschließend den Lachs darauf legen und die Fähnchen hineinstecken. Das Ganze zum Aperitif reichen.
Kurz vor dem Servieren der Vorspeise:
Zucchini raspeln. Den Salat anrichten. Salatsauce aufrühren und darüber verteilen.
Ca. 40 Minuten vor dem Servieren der Hauptspeise
Schmand-Dill-Fladen fertigstellen und zusammen mit den Tomaten in den Ofen geben.
Ca. 1/4 Stunde vor dem Servieren der Hauptspeise:
Marinade vom Lachs entfernen und den Fisch grillen.
Kurz vor dem Servieren des Desserts:
Aprikoseneis zubereiten und zusammen mit der Sauce anrichten.

Lachs-schiffchen

Zutaten und Zubereitung siehe Rezept "Pikante Törtchen mit Frischkäse" (Seite 43).
Die Schiffchen nicht mit einem Vollkornmürbeteig sondern mit einem „hellen" Mürbeteig zubereiten ("Mürbeteig für Quiche und Tarte" Seite 12/13). Dabei die gesamte, im Grundrezept angegebene Menge nehmen. Eine Hälfte des Teiges für die Schiffchen verwenden, aus dem Rest werden Plätzchen gebacken (siehe unten).

Plätzchen

Für 8 Portionen:

Für den Mürbeteig:
ca. 170 g Mürbeteig (Grundrezept für Quiche und Tarte)
Hälfte des Teiges der "Lachsschiffchen"
Außerdem:
1 kl. Eigelb
etwas Vollmilch
ca. 2 El fein geriebener Parmesan
Backpapier für die Backbleche
1 Ausstecher in Fischform

1. Den Backofen auf 180°C vorheizen und 2 Bleche mit Backpapier auslegen. Eine Arbeitsfläche dünn mit Mehl bestäuben. Den gekühlten Mürbeteig etwa 3 mm dünn ausrollen.
2. Plätzchen ausstechen und auf die Bleche legen. Teigreste erneut ausrollen und weitere Plätzchen ausstechen. So verfahren, bis der Teig aufgebraucht ist.
3. Eigelb mit etwas Milch glattrühren und die Plätzchen damit bestreichen. Den Parmesan darüberstreuen.
4. Die Plätzchen auf der mittleren Schiene in den Ofen schieben und in etwa 7 Minuten goldgelb backen. Die fertigen Plätzchen kurz abkühlen lassen und vom Blech nehmen.
5. Die Plätzchen ganz auskühlen lassen und in einer gut verschließbaren Metallschüssel aufbewahren.

Zubereitungszeit: ca. 30 Minuten
Backzeit: ca. 7 Minuten

Zweifarbiger Blattsalat mit Zucchini und Melone

Für 8 Portionen:

Für die Sauce:
4 El milder Himbeeressig
10 El Saft von 1 roséfarbenen Grapefruit
etwas Jodsalz
etwas frisch gemahlener schwarzer Pfeffer
3 El Sesamöl
Für den Salat:
1 roter Eichblattsalat
1 grüner Eichblattsalat
1 reife Charentais- oder Kantalupmelone (Zuckermelone)
2 kl. junge Zucchini (ca. 300 g)
je 10 große Blätter Pfefferminze und Zitronenmelisse

1. Essig und Fruchtsaft verrühren. Das Ganze mit Salz und Pfeffer abschmecken. Das Öl darunterschlagen.
2. Die Salatköpfe putzen, waschen, trockenschleudern und in Stücke zupfen. Feste Blattrippen dabei entfernen.
3. Melone halbieren, entkernen, mit einem Kugelausstecher möglichst viele Kugeln ausstechen. Zucchini putzen und fein raspeln. Kräuterblätter grob zerpflücken.
4. Alle Salatzutaten auf Tellern anrichten und die Sauce darauf verteilen.

Zubereitungszeit: ca. 25 Minuten

Tip
Statt des Eichblattsalates können auch je 1 grüner und 1 roter Kopfsalat oder je 1 Lollo Rossa und 1 Lollo Bionda genommen werden.

Majoran-tomaten

Für 8 Portionen:

8 gleich große, vollreife Strauchtomaten
2 El fein geschnittene Majoranblättchen
1 Knoblauchzehe, durchgepreßt
2 El Olivenöl
etwas Jodsalz
etwas frisch gemahlener schwarzer Pfeffer
Außerdem:
8 entsprechend große Stücke Alufolie zum Einwickeln der Tomaten

1. Den Ofen auf 200°C vorheizen. Die Tomaten waschen, trockenreiben, oben kreuzweise einritzen und Majoran sowie Knoblauch hineinstecken.
2. Je 1 Tomate auf 1 Stück Folie setzen und etwas Öl sowie Salz und Pfeffer darübergeben. Das Ganze nicht zu fest verschließen.
3. Die Tomaten auf ein Kuchengitter setzen, auf der mittleren Schiene in den Ofen schieben und 20 bis 25 Minuten garen.

Zubereitungszeit: ca. 20 Minuten
Garzeit: 20 - 25 Minuten

Tip
Die Tomaten können auch auf einem Holzkohlegrill gegrillt werden. Soll das zusammen mit dem Lachs geschehen, muß der Grill ausreichend groß sein.
Wenn die Tomaten zusammen mit den Schmand-Dill-Fladen im Ofen gegart werden, kann das Kuchengitter auch auf der oberen Schiene in den Ofen geschoben werden.

Gegrillter Kräuterlachs

Für 8 Portionen:

Für die Marinade:
Saft von 2 Orangen (ca. 200 ml)
abgeriebene Schale 1 unbehandelten Zitrone
je 2 El Dill, Blattpetersilie und Pimpinelle, alles fein gehackt
je 1 El fein gehackter Rosmarin und Salbei
4 El Knoblauchöl
(siehe Seite 21)
Für den Fisch:
8 Lachskotelettes, je 3 cm dick geschnitten
etwas Jodsalz
etwas frischgemahlener weißer Pfeffer
Außerdem:
etwas Knoblauchöl für den Grillrost

1. Saft, Zitronenschale und Kräuter miteinander verrühren. Öl darunterschlagen.
2. Den Fisch kalt abspülen, gut trockentupfen, leicht salzen und etwas kräftiger pfeffern.
3. Etwa die Hälfte der Marinade in eine gut verschließbare Kunststoffdose geben, den Fisch darauf legen und mit der restlichen Marinade bedecken. Das Ganze verschließen und über Nacht in den Kühlschrank stellen.
4. Den Fisch kurz vor dem Grillen vollständig von der Marinade befreien und mit Küchenkrepp trockentupfen. Den Grillrost mit Öl bepinseln.
5. Den Lachs zunächst dicht über der Glut von jeder Seite etwa 2 Minuten grillen. Dann den Grillrost eine Stufe höher setzen und den Fisch von jeder Seite weitere 3 Minuten garen. Die Kotelettes stets vorsichtig wenden.

Zubereitungszeit: ca. 30 Minuten
Zeit zum Marinieren: über Nacht
Grillzeit: ca. 10 Minuten

Tip
Statt auf einem Holzkohlegrill kann der Lachs auch auf einem elektrischen Tischgrill mit Ober- und Unterhitze gegrillt werden.
Wer einen sehr großen Grill besitzt, sollte die Lachskotelettes vorzugsweise in 3 bis 4 Fischgrillzangen garen. Dann lassen sie sich einfacher wenden.

Aprikosensauce

Für 8 Portionen:

350 g reife Aprikosen
6 El frisch gepreßter Orangensaft
1 Paket Vanillezucker (echt Bourbon)
ca. 1 El Zucker
1 Schuß Apricot Brandy

1. Die Aprikosen kreuzweise einritzen und in kochend heißem Wasser so lange brühen, bis die Haut sich zu lösen beginnt. Die Früchte kalt abschrecken und enthäuten.
2. Die Aprikosen entkernen, in Spalten schneiden, im Orangensaft weich dünsten und dann fein pürieren. Vanillezucker hineinrühren und die Sauce mit Zucker und Brandy abschmecken. Das Ganze erkalten lassen.

Zubereitungszeit: ca. 30 Minuten

Halbgefrorenes Aprikoseneis

Für 8 Portionen:

500 g reife Aprikosen
200 g eiskalte süße Sahne
1 Paket Vanillezucker (echt Bourbon)
2 El Puderzucker (je nach Säuregehalt der Aprikosen auch mehr)
2 El gehackte Pistazien

1. Die Aprikosen kreuzweise einritzen und in kochend heißem Wasser so lange brühen, bis die Haut sich zu lösen beginnt. Die Früchte kalt abschrecken und enthäuten.
2. Die Aprikosen entkernen und in etwa 1 cm große Würfel schneiden. Die Würfel möglichst in nur einer Schicht in große Gefrierdosen oder -beutel geben und über Nacht einfrieren.
3. Kurz bevor das Eis serviert werden soll, die gefrorene Fruchtmasse möglichst klein zerbrechen. Aprikosenstücke, Vanillezucker und Puderzucker in eine Küchenmaschine mit Hackmessereinsatz geben.
4. Das Ganze zügig kleinhacken. Es sollen feine Eiskristalle entstehen. Dann die Sahne bei laufender Maschine dazuschütten. Sieht die Masse homogen aus, ist das Eis fertig.
5. Das Eis zusammen mit Aprikosensauce (siehe vorheriges Rezept) auf Tellern anrichten, mit Pistazien bestreuen und sofort servieren.

Zubereitungszeit: ca. 30 Minuten

Pizzafest für Pizzafreunde

Pizza! Sie begeistert nicht nur Kinder, sondern ist auch bei den Großen beliebt. Grund genug, sie in den Mittelpunkt eines Festes zu stellen und zum Pizzaessen einzuladen. Es gibt Pizza satt, lediglich ergänzt durch einen bunten Salat und ein fruchtiges Dessert. Unser Vorschlag ist für 8 Personen konzipiert. Ein wenig Zeit für die Vorbereitung brauchen Sie, die Zubereitung selbst ist aber unkompliziert und damit ideal, um mit guten Freunden zu feiern. Wann laden Sie zum Pizzafest ein?

Die Einladungskarte

Bastelutensilien für 8 Karten:

8 kleine Zweige frischer Rosmarin
8 Karten mit Umschlag in Naturfarbe
rot-grüne Kordel
Außerdem:
spitze Schere und Kalligraphiestift in grün oder schwarz

Und so wird's gemacht:
1. Je einen Rosmarinzweig auf die linke Seite einer Karte legen. Dann mit der Scherenspitze etwa in der Mitte des Zweiges links und rechts davon zwei Löcher in die Karte bohren.
2. Ein Stück Kordel durch die Löcher ziehen und den Rosmarinzweig damit festbinden. Eine Schleife binden.
3. Rechts neben den Rosmarinzweig den Einladungstext schreiben.

Das Menü

Zum Einstimmen:
Bunte Kartoffelfladen (Seite 30)
Die Vorspeise:
Italienischer Salat (Seite 155) mit Pizza-Knäckebrot (Seite 29)
Im Mittelpunkt:
Pizza mit Schinken (Seite 66)
Pizza mit italienischer Salami (Seite 67, Variation 3)
Pizza mit Zucchini (Seite 54)
Die Nachspeise.
Eisdessert "Tricolore" (Seite 157)

Wenn es nicht so aufwendig sein soll...
...die Kartoffelfladen weglassen.
...zum Salat italienisches Weißbrot vom Bäcker oder ein Baguette reichen.
...nur eine oder zwei Sorten Pizza backen.

Die Getränke

Zum Aperitif
ein trockener italienischer Weißwein, z.B. einen Lugana aus der Lombardei oder einen Orvieto classico
Zu Vorspeise und Hauptgang
ein trockener italienischer Rotwein, z.B. Chianti oder Sangiovese
oder für die Weißweinliebhaber weiterhin Orvieto classico
außerdem Mineralwasser, am besten ein spritziges und ein stilles
Zum Dessert
ein Prosecco oder ein italienischer Dessertwein, z.B. ein Aleatico di Puglia
Zum Abschluß
Espresso
Grappa

Die Tischdekoration

Im folgenden finden Sie einige Vorschläge für eine unkomplizierte Tischdekoration, die zu dem Pizzaessen paßt. Sie können aber auch einfach Ihrer Phantasie freien Lauf lassen und die Dekoration nach Ihrem eigenen Geschmack oder vorhandenem Fundus ändern. Einige Grundsätze, die es jedoch immer zu beachten gilt: Die Tischdekoration soll einladen, trotzdem noch genügend Platz für die zubereiteten Speisen lassen und den Blick auf die Gesprächspartner nicht verstellen.

Tischtuch
Ein nicht zu feines Tischtuch aus Leinen oder Baumwolle in naturweiß oder hellbeige auflegen. Auch ein einfaches Muster, z.B. Streifen oder Karos (in rot oder grün) können hübsch aussehen, sie sollen aber nicht dominieren. Wer einen schönen Holztisch hat, kann auch auf die Tischdecke verzichten.

Kräuter in Töpfen
Man bekommt sie in jedem Supermarkt. Günstig sind Thymian, Basilikum und Oregano, da sie nicht zu hoch sind. Die Töpfe (etwa 3 Stück) in kleine Plastikuntersetzer stellen, ganz mit Packpapier umwickeln und mit einer grün-roten dünnen Kordel oder grünem und rotem Bast festbinden.

Servietten
Servietten in rot, weiß oder grün oder mit passendem Motiv, z.B. einer Tomate oder einer Pizza, nehmen und auf die Teller legen.

Tomaten
Reife, kleine Strauchtomaten auf dem Tisch verteilen.

Kerzen
Teelichter in Gläser stellen und auf dem Tisch verteilen.

Gläser & Tassen

8 Weißweingläser
8 Rotweingläser
8 Wassergläser
8 Dessertweingläser oder Sektgläser
8 Espressotassen
8 Grappagläser

Für die Tischdekoration eignet sich weißes Geschirr

Eßgeschirr & Besteck

Am besten weißes oder naturfarbenes Geschirr nehmen. Auch ein Geschirr mit zartem, zurückhaltendem Muster oder ein Geschirr in grün oder rot paßt zur Dekoration. Im einzelnen brauchen Sie:
1 große Servierplatte für die Kartoffelfladen
1 großes Holzbrett, um die Pizza darauf zu servieren
16 große flache Teller für den Salat und die Pizza
1 große Salatschüssel
8 mittelgroße Teller für das Dessert
Als Besteck werden Messer, Gabel und Dessertlöffel benötigt. Soll das Besteck mit dem Gang gewechselt werden, braucht man pro Person 2 Sätze Messer und Gabeln.

Arbeitsplan

2 Tage vor dem Festessen:
Einkaufen
Pizza-Knäckebrot zubereiten, gut auskühlen lassen und anschließend in einer Metalldose aufbewahren.
1 Tag vor dem Festessen:
Salatsauce zubereiten und in einem gut verschließbaren Gefäß in den Kühlschrank stellen.
Kartoffeln für den Teig kochen, anschließend kühl stellen.
Am Tag des Festessens:
Am Morgen:
Zutaten für den Salat putzen, waschen, sehr gut trockenschleudern, aber nicht zerkleinern. Alles in eine große, gut schließende Plastik- oder Edelstahlschüssel geben und kühl stellen.
Zutaten für die Pizzas vorbereiten, so daß sie am Abend nur noch auf den Teig gelegt werden müssen. Die Zutaten je nach Bedarf in den Kühlschrank stellen.
Weißwein und Mineralwasser kühlen.
Tisch decken.
Am Nachmittag:
Aus den Kiwis Kugeln ausstechen, Erdbeeren putzen und vorbereiten. Beides getrennt in Mandellikör marinieren und gut verschlossen in den Kühlschrank stellen.
1 1/2 Stunden vor dem Essen:
Teig für Kartoffelfladen zubereiten und gehen lassen.
Pizzateig für beide Pizzas zubereiten und gehen lassen.
Pizza-Knäckebrot anrichten.
Kurz bevor die Gäste eintreffen:
Ofen auf 180°C vorheizen.
Kartoffelfladen formen und belegen.
Pizzateig ausrollen und auf 2 Backbleche legen.
Wenn die Gäste da sind:
Kartoffelfladen backen, leicht abkühlen lassen und servieren.
Ca. 40 Minuten vor dem Servieren der Pizza:
Pizza belegen und backen.
Wenn die erste Pizza aus dem Ofen genommen wird, die zweite belegen und backen.
Kurz vor dem Servieren der Vorspeise:
Salatzutaten kleinzupfen und mit der Salatsauce mischen.
Parmesan darüberhobeln.
Kurz vor dem Servieren der Nachspeise:
Eiskugeln abstechen und zusammen mit den Früchten anrichten.

Bunte Kartoffelfladen

Zutaten und Zubereitung (siehe Seite 30)
Ein Drittel der Fladen mit Ricottabelag, ein Drittel mit Rosmarinbelag und ein Drittel mit Sardellenbelag zubereiten. Deshalb jeweils nur ein Drittel der angegebenen Mengen für die Belagzutaten nehmen.

Italienischer Salat

Für 8 Portionen:

Für die Salatzutaten:
1 kleiner Kopf Romanasalat
1 Kopf roter Eichblattsalat
1/2 Bund Rauke
1 kleiner Kopf Radicchio
1/2 Bund Blattpetersilie
1/2 Bund Basilikum
1 gelbe Paprikaschote
1 Knoblauchzehe
Für die Salatsauce:
2 mittelgroße rote Zwiebeln
4 El Balsamessig
4 El Rotweinessig
200 ml kaltgepreßtes Olivenöl
1 Tl Jodsalz
etwas frisch gemahlener schwarzer Pfeffer
Außerdem:
50 g Parmesan, am Stück

1. Die Salate putzen, gründlich waschen und trockenschleudern. Petersilien- und Basilikumzweige ebenfalls waschen und gut trockenschleudern.
2. Die Paprikaschote putzen, achteln und quer in etwa 2 mm dicke Streifen schneiden. Den Knoblauch schälen und halbieren.
3. Die Zwiebeln schälen und fein hacken. Essig und Öl verquirlen und die Salatsauce mit Salz und Pfeffer abschmecken. Die Zwiebelwürfel in die Salatsauce geben.
4. Die Salatschüssel mit der Knoblauchzehe ausreiben. Die Blattsalate kleinzupfen und dabei die groben Stiele und Mittelrippen entfernen. Petersilien- und Basilikumblätter von den Stielen zupfen, dann ebenfalls kleinzupfen.
5. Blattsalate, Kräuter und Paprikaschote mit der Salatsauce mischen. Den Parmesan dünn darüber hobeln.

Zubereitungszeit: ca. 30 Minuten

Pizza-Knäckebrot

Zutaten und Zubereitung (siehe Seite 29)
Variation mit Oliven nehmen. Die angegebene Menge reicht als Beilage zum Salat für 8 Personen aus.

Pizza mit Schinken/mit italienischer Salami

Zutaten und Zubereitung (siehe Seite 66)
Da die eine Hälfte des Teiges wie im Rezept angegeben mit Schinken, die andere Hälfte mit italienischer Salami (siehe Variation 3) belegt wird, braucht man 50 g Parmaschinken und 50 g Salami. Die Pizza wie im Rezept beschrieben zubereiten, den Teig auf Backblechgröße ausrollen.

Pizza mit Zucchini

Zutaten und Zubereitung (siehe Seite 54)
Die Pizza wie im Rezept beschrieben zubereiten, den Teig auf Backblechgröße ausrollen.

Eisdessert "Tricolore"

Für 8 Portionen:

500 g frische, möglichst kleine Erdbeeren
4 große Kiwis (ca. 500 g)
4 El italienischer Mandellikör
750 ml Kokoseis oder Zitronensorbet
1 Zweig Pfefferminze

1. Die Erdbeeren zunächst waschen, dann die großen Beeren in Stücke schneiden und anschließend die Erdbeeren in 2 El Mandellikör mindestens 1 Stunde marinieren.

2. Die Kiwis quer halbieren und mit einem Kugelausstecher Kugeln ausstechen. Die Kiwikugeln in 2 El Mandellikör ebenfalls mindestens 1 Stunde marinieren.

3. Kurz vor dem Servieren das Eis aus dem Tiefkühlgerät nehmen und etwa 5 Minuten bei Zimmertemperatur stehen lassen.

4. Erdbeerstücke und Kiwikugeln in je 2 breiten Streifen auf 8 Dessertteller verteilen. Aus dem Eis Kugeln ausstechen und zwischen die beiden Fruchtstreifen legen. Das Ganze soll ungefähr wie die italienische Flagge aussehen. Das Eis mit einem Pfefferminzblatt garnieren.

Zubereitungszeit: ca. 25 Minuten
Marinierzeit: mind. 1 Stunde

Rezeptverzeichnis

A

B

C

E

F

G

H

I

K

L

M

Rezeptverzeichnis

Autorinnen: Monika Cremer, Dipl. oec. troph., und
Silvia Faller, Dipl. oec. troph.
Fotos und Gesamtherstellung: Naumann & Göbel
Verlagsgesellschaft mbH, Köln

ISBN: 3-625-10840-2